FRANCOISE DAUBIGNY MARQ.SE DE MAINTENON
F. Souchet Sculp.

LETTRES HISTORIQUES TOUCHANT LES POETES ANCIENS ET MODERNES.

par De Souvenel.

À AMSTERDAM,

Aux dépens de la Compagnie.

M. DCC. XVIII.

A MONSIEUR DE LA MOTHE HOUDART, DE L'ACADEMIE FRANCOISE.

ONSIEUR,

Ce n'est point pour avoir occasion de faire vôtre éloge, que je prens la liberté de vous adresser cette Epî-

tre; un ſi beau ſujet demande une main plus habile que la mienne, & quelque art que je puſſe employer pour y rèüſſir, vôtre modeſtie vous feroit toûjours trouver de l'excés dans mes loüanges, tandis que le Public ſe plaindroit de ma retenuë; ſouffrez ſeulement, MONSIEUR, *que je ſatisfaſſe à mon inclination, en vous conſacrant ce petit Ouvrage: Je ne ſçaurois choiſir une protection plus avantageuſe pour un Livre où j'entreprens la défenſe de la Poëſie, que celle du plus accompli des Poëtes qui vivent aujourd'huy; & ſi je conſulte mon intereſt, je dirai que je ſuis bien payé du ſoin que j'ai pris à le compoſer, puiſqu'il m'a procuré une place dans vôtre ami-*

tié, & le plaisir d'admirer dans vôtre conversation cet esprit charmant qu'on voit briller dans tous vos Ouvrages. C'est icy, MONSIEUR, *que, malgré ma resolution, je ne pourrois m'empêcher de faire vôtre Panegyrique, si je ne m'étois pas imposé une loy inviolable de n'entreprendre jamais rien au-dessus de mes forces; mais peut-être ai-je deja poussé trop loin ma hardiesse, & je ferai mieux de finir en vous assurant que je suis avec respect,*

MONSIEUR,

Vôtre tres-humble & tres-obéissant Serviteur,
DE SOUVENEL.

PREFACE.

JE ne fais point une Préface pour excuſer les fautes qui pourront ſe trouver dans mon Ouvrage ; on ſçait qu'un Lecteur n'a gueres d'égards pour ces ſortes d'excuſes, & en effet il a raiſon. Ce que j'en fais, ce n'eſt que pour donner une idée de mon deſſein.

Le hazard a eu beaucoup de part à cette entrepriſe. Quelqu'un ayant lû dans un cercle une Piece de Vers aſſez passable, la conversation tomba sur la Poësie, & il arriva ce qui arrive ordinairement dans les compagnies, c'est-à-dire, que tout le monde ne fut pas du même sentiment. Pour moy, je demeurai neutre, ou pour mieux dire, je tâchai de concilier les opinions en distinguant dans cet art, ce qu'il y a de bon, de ce qui peut en rendre l'étude pernicieuse.

Il se trouva dans la compagnie une Dame de Paris, qui étoit venuë passer quelques mois en Province; elle avoit beaucoup d'esprit & de connoissance des belles Lettres, & expliquoit même les Auteurs Latins les plus difficiles. C'eſt en dire aſſez pour faire comprendre qu'elle ne fut pas la derniere à ſe ranger du parti des Poëtes, & à ſoûtenir ſon ſentiment avec beaucoup de vivacité. Elle s'en retourna quelque temps aprés, & comme elle m'honoroit ſouvent de ſes Lettres, elle m'engagea à luy envoyer une petite Diſſertation critique touchant la Poëſie, & l'idée que doit en avoir une perſonne d'eſprit.

C'eſt à ce ſujet que je luy écrivis ma premiere Lettre, où je luy explique ce que c'étoit que la Poëſie chez les Anciens, & ce qu'elle eſt parmy nous. Je commence par l'origine de cet art, & luy fais voir l'estime qu'en ont fait les Philosophes, les Theologiens, les Princes même, & les Rois de l'Antiquité; ensuite je tâche d'éclaircir la raison du mépris qu'en font quelques gens aujourd'huy.

Elle fut contente de la maniere dont j'avois traité ce sujet, & m'en fit ses complimens. Cela me fit naître l'envie de luy écrire une seconde Lettre, où j'approfondis davantage la matiere. Je commence par l'étimologie des mots, *Poëte*, & *Poësie*; ensuite je passe aux qualitez qui doivent concourir à former un bon Poëte. De là je prens occasion de faire un dénombrement des differens genres de Poësie, dont je montre l'utilité ; & je finis enfin, en concluant qu'un si bel art ne doit pas être moins estimé aujourd'huy, qu'autrefois, puisque les plus grands genies de nôtre siecle, aussi bien que ceux des Grecs & des Romains, le cultivent avec beaucoup de soin & de succés.

PREMIERE LETTRE.

MADAME,

Il faut l'avoüer, je crois qu'il n'y a personne au monde qui sçache mieux que vous l'art de se faire obéïr : Vous m'excitez par vôtre derniere

Lettre à vous mander ce que je penſe de la Poëſie, je ſçai que je ne puis m'engager dans cette entrepriſe, ſans m'expoſer à de grands dangers, & du côté de ceux qui ne ſe trouveront pas favoriſez dans mon ſyſtême, & du côté de mon peu d'habileté. Cependant, parce que c'eſt vous qui le voulez, je mépriſe toutes ces difficultez, & ce qui m'effrayeroit propoſé par une autre, me charme, & m'engage quand je fais reflexion que c'eſt vous qui me le propoſez.

Vous voudriez ſçavoir, Madame, pourquoi la Poëſie

eſt aujourd'hui ſi décriée auprés de quelques gens ? Un homme, dites-vous, ſe meſle-t-il de faire des Vers, qu'en dit-on dans le monde ? c'eſt un Poëte: un Poëte, ſelon le jugement du vulgaire, eſt un fou; donc un homme qui ſe meſle de faire des Vers eſt un fou. Voilà une conſequence dont il me ſera fort aiſé de vous faire voir la fauſſeté; mais ſans m'arrêter à diſcuter ſi cet argument eſt dans les regles de la Logique, ou non, ſouffrez que je ſuive mon deſſein ſelon l'ordre que je me ſuis propoſé, & que je tâche de découvrir le principe ſur lequel ce raiſonnement eſt appuyé.

Vous vous ſouvenez peut-être, Madame, d'une converſation que nous eûmes un jour touchant l'injuſtice, en general; vous me fites l'honneur d'écoûter favorablement les reflexions qui me vinrent à l'eſprit ſur cette matiere, & voici ſi je ne me trompe comme je raiſonnois alors, & comme je raiſonne encore aujourd'hui.

L'ignorance & la prévention ſont les deux ſources, d'où l'injuſtice coule neceſſairement. Le commun des hommes eſt ignorant & prévenu, il faut neceſſairement qu'il ſoit injuſte dans ſes jugemens ; car comment un Juge peut-il prononcer équitablement, lors qu'il n'eſt pas inſtruit du procés, & qu'il eſt prévenu contre la partie.

Voilà, Madame, ce que l'on doit appliquer aujourd'hui à la Poëſie ; la connoiſſance que le vulgaire a de cet art, ne s'étend pas plus loin qu'à ſon nom. Voilà ſon ignorance. Le vulgaire croit que c'eſt aſſez de ſçavoir faire des Vers pour meriter une place aux petites maiſons ; voilà ſa prévention : de là vient qu'il traite de viſionaires tous ceux qui s'adonnent à la poësie; & voilà son injustice.

Vous voyez bien, Madame, que sous le nom de vulgaire, je veux parler de ces gens, ou qui n'ont jamais étudié, ou dont l'étude a gâté l'esprit, ou enfin qui n'ont fait aucuns progrés dans la science: car pour les gens de Lettres, & les Dames, qui comme vous, font honneur à leur sexe, & joignent à la facilité de bien parler, celle de penser juste, & de juger sainement des ouvrages d'esprit; ces personnes, dis-je, sçavent assez faire la difference du bon

& du mauvais, & ſont toûjours en garde contre l'ignorance & la prévention.

C'eſt donc ſeulement ces deux vices que j'attaque ſous le nom du vulgaire, il m'importe peu chez qui ils ſe trouvent ; Maître & Valet, tout m'eſt égal lors qu'il s'agit de l'eſprit, la fortune ne regle pas les genies comme les conditions, & ſouvent un Prince n'eſt qu'un eſprit trés-mediocre, tandis que ſon eſclave eſt doüé d'un genie ſublime. Mais approfondiſſons un peu cette matiere, & tâchons d'en faire une juſte application à la poëſie, & pour le faîre avec ordre, voyons d'abord l'origine de cet art, & ce qu'en ont pensé les Anciens; ensuite nous parlerons de l'idée qu'on s'en forme aujourd'hui.

Au reste avant que d'entrer en matiere, pardonnez-moi, Madame, si je ne traite pas ce sujet avec toute la gravité qu'il semble exiger. Vous connoissez mon caractere, je ne suis, ni pedant, ni Philosophe, & je préfererois volontiers le plaisir de divertir sans être crû, à l'avantage de persuader sans réjoüir; mais ce n'est pas encore là tout ce que j'espere de vous; j'ose me promettre que vous ne ferez part de cette Lettre à perſonne, j'écris ceci pour vous obeïr, & non pas pour m'ériger en Auteur; il n'en eſt pas d'une Lettre que l'on écrit ſans art, & ſans y entendre fineſſe, comme d'une Diſſertation qu'on lime, & qu'on polit plus d'une fois avant que de l'expoſer à la cenſure. D'ailleurs, que diroit-on de moi dans la Province, ſi l'on ſçavoit qu'à mon âge je m'arrêtaſſe à feüilleter les Auteurs ſacrez & prophanes que je vous citerai : car vous ſçavez, Madame, qu'en matiere d'antiquité, nos opinions les plus judicieuſes ne ſervent de rien, ſi elles ne ſont appuyées de témoignages qui en fassent voir la solidité; ces témoignages ne peuvent se trouver que chez les Auteurs de ces temps éloignez, & c'est ce qui m'oblige dans la premiere partie de cette Lettre, d'accumuler un grand nombre de passages au soûtien de mes raisonnemens. Cela vous paroîtra peut-être un peu ennuyeux, mais j'espere que la suite vous dédommagera du commencement, & sur cette assurance, je commence ainsi à entrer en matiere

LA poësie, si on la regarde par les dehors, est un art agréable, qui par une cadence harmonieuſe, & par un certain arrangement de mots renfermez dans des bornes preſcrites, flatte l'oreille, recrée l'eſprit, & touche le cœur. Mais ſi l'on veut pénétrer plus avant, l'on trouve que c'eſt un art auſſi utile qu'agréable, qui ne conſiſte pas ſeulement dans les termes & dans leur arrangement, mais dans un certain ſel qui lui eſt propre, & dans la nobleſſe des penſées, dont les paroles ne ſont que les ſignes & les interpretes.

L'origine de la poëſie eſt fort ancienne, les premiers

Philosophes & les premiers Theologiens furent les premiers Poëtes, & nous lisons qu'ils se servirent de la poësie, comme d'un langage proportionné à la grandeur des sujets qui faisoient leur occupation, ne voulant pas traiter d'une maniere commune & ordinaire, des choses qui surpassoient de beaucoup la portéedu commun. *Orphée & Linus*, dit saint Thomas, * *vivoient du temps que les Juifs ètoient gouvernez par des Juges, & ils cultivoient la Poësie & la Theologie.*

* Poëtæ Theologi fuerunt Orpheus & Linus, tempore quo Judices erant in populo Judæorum. *S. Thom. 1. Metaph. Lect.* 87.

David même, cet homme ſelon le cœur de Dieu, croyoit ne pouvoir pas mieux employer le temps qu'il déroboit aux occupations qui accompagnent ordinairement les têtes couronnées, qu'à composer des Vers à la loüange de ce Dieu, dont il tenoit ſon *Sceptre*; & c'eſt à cette ſcience que nous devons ces beaux Cantiques ſi eſtimables, que l'Egliſe s'en ſert encore aujourd'hui, & pour implorer la miſericorde du Ciel, & pour remercier ſa bonté.

En effet, Madame, une belle penſée revêtuë des ornemens de la poëſie, n'a-t-elle pas bien plus de grace, que prononcée ſimplement & ſans art? Il ſemble que la memoire la retient avec une facilité bien plus grande, & que les reflexions que l'eſprit fait ſur une maxime bien exprimée dans un Vers, ſont plus promptes & plus vives, que celles qu'il pourroit faire ſur une longue periode enrichie, ou pour mieux dire embaraſſée de pluſieurs figures de Rhetorique. Albert le grand pouſſe même la choſe plus loin: *La poëſie* * dit ce ſçavant homme, *en nous rempliſſant*

* Poëſis cùm inducat hominem in admirationem dat ei modum philoſophandi. *Alb. mag. met.*

d'admiration, nous apprend à bien philoſopher.

Mais quoi, diroit un critique, penſez-vous que vous écrivez à une Dame, & qu'elle ne trouvera peut-être pas bon que vous fatiguiez ſa vûë ſur des paſſages Latins? contentez-vous de lui en donner l'interpretation. Il eſt vrai, Madame, que mon procedé en cela n'eſt pas trop ſelon les regles, & que ſi vous n'étiez pas auſſi verſée que vous l'êtes dans la connoiſſance de cette Langue, je ne ſerois pas excuſable; mais ſi je n'en agiſſois pas ainſi, qui m'aſſureroit que vous ne vous défieriez point de ma ſincerité, & que vous ne regarderiez pas toutes ces citations, comme des passages faits exprés pour me tirer d'intrigue? Je veux, vous empêcher de me faire un reproche si honteux, & vous montrer que quand je veux m'en donner la peine, je sçais transcrire Tertulien & saint Jerôme, aussi bien que ce bon Predicateur, dont je vous parlois un jour, qui se piquoit de citer fidellement & à propos tous les saints Peres & tous les anciens Philosophes dans un Sermon de trois quarts d'heure. J'espere pourtant, Madame, être plus moderé que lui, & me réduire seulement aux

citations

citarions qui ſeront eſſentiellement neceſſaires à mon ſujet. La premiere qui ſe preſente, c'eſt ce paſſage de Strabon. *Les Anciens*, dit cet Auteur, * *aſſurent que la poëſie eſt une premiere Philoſophie, qui dés nôtre enfance nous donne des preceptes pour bien vivre, qui regle nos mœurs & nos paſſions, & qui par des documens agréables*

* Antiqui verò Poëticam, primam Philoſophiam quandam eſſe perhibent, quæ ab ineunte nos ætate, ad vivendi rationes adducit, quæ mores, quæ affectiones edoceat, quæ res generoſas, cùm jucunditate præcipiat; poſteriores verò ſolum Poëtam ipſum ſapientem eſſe aſſeruerunt; quamobrem Græcorum civitates ab ipſo primordio, eorum liberos in poëticâ erudierunt, non utique voluptatis, ſed caſtæ moderationis gratiâ. *Strab. Lib.* 1.

nous inspire des sentimens genereux. Ceux qui sont venus aprés, ajoûte-t-il, *nous ont assuré que pour être veritablement sage, il faloit être Poëte; c'est pourquoi les Grecs ont pris un grand soin de former leurs enfans à l'étude de cette science, ne la regardant pas comme une occasion de volupté, mais comme une école de moderation.*

Voilà sans doute, Madame, un bel éloge de la poësie, il semble même d'abord un peu trop outré pour être sincere; mais à regarder les choses de prés, il paroît que Strabon n'a rien avancé que sur de bons memoires, & voici comme je raisonne pour le justifier.

Les premiers Philoſohes & les premiers Theologiens furent les premiers Poëtes, je vous l'ai prouvé par l'autorité de ſaint Thomas : d'ailleurs S. Jerôme nous aſſure, comme je vous le ferai voir dans la ſuite, que pluſieurs Livres de l'Ecriture Sainte, outre les Pſeaumes de David, étoient écrits en Vers; or les Livres de l'Ecriture *S*ainte, & les écrits des anciens Philoſophes, étoient remplis de préceptes pour ſe conduire avec ſageſſe dans tous les differens états de la vie, & d'inſtructions ſaintes & ſalutaires pour dompter ſes paſſions; de là je conclus necessairement, que les Anciens avoient raison d'appeller les Poëtes les vrais & les uniques possesseurs de la sagesse, puisque ce n'étoit que par le moyen des Poëtes qu'ils en avoient acquis la connoissance, & qu'ils ne tenoient que d'eux, toutes ces belles maximes d'honneur & de probité, dont ils se montroient si religieux observateurs.

Vous voyez, Madame, que ce qui semble Paradoxe à la premiere vûë, paroît souvent fort naturel quand on a pris soin de le déveloper; & je gage que mon argument justifie Strabon dans vôtre esprit, où il avoit peut-être passé d'abord pour un peu trop outré ; mais que diriez-vous si je vous rapportois des passages de Platon, un des plus sages de l'antiquité, où il appelle les Poëtes *les fils des Dieux*, [a] *& les Peres de la sageße & de toutes les vertus.* Vous vous accommoderez peut-être mieux d'un autre passage, où il dit que les beaux poëmes [b] ne

[a] Et Deorum filii Poëtæ. *Lib. 2. de repub.* Sed iter quod nunc ingressi sumus Poëtarum adminiculis peragendum ; hi namque nobis tanquam Patres atque duces sapientiæ sunt. *Lib. de amicit.*

Prudentiam aliasque virtutes quarum Poëtæ genitores sunt. *Lib. de amore.*

[b] Omnes itaque carminum Poëtæ insignes non arte, sed divino afflatu mente capti omnia ista præclara poëmata canunt. *Lib. de fur. Poët.*

ſont pas tant des productions de l'eſprit humain, que des dons du Ciel; & cela vous plaira peut-être, d'autant plus, que Ciceron, qui penſe toûjours ſi juſte, eſt du même ſentiment; voici ce qu'il dit à ce ſujet. Je crois que vous ne ſerez pas fachée de lire le paſſage tout entier.

Tout ce qu'il y a de ſçavans * *& de grands hommes nous aſſu-*

* Atque ſic à ſummis hominibus, eruditiſſimiſque accepimus, cæterarum rerum ſtudia & doctrinâ & præceptis & arte conſtare: Poëtam naturâ ipſâ valere, & mentis viribus excitari, & quaſi divino quodam ſpiritu afflari. Quare ſuo jure noſter ille Ennius ſanctos appellat Poëtas, quod quaſi deorum aliquo dono atque munere commendati nobis eſſe videantur. *Cic. pro Arch. p.*

rent que l'art peut donner des préceptes pour apprendre les autres ſciences, mais qu'il n'y a que la nature à faire les Poëtes, & que pour l'être en effet, il faut avoir reçû du Ciel un eſprit preſque divin; c'eſt pourquoi Ennius a raiſon d'appeller les Poëtes des ſaints, puiſqu'il paroît que les Dieux les ont honorez d'un don tout particulier.

Peut-on rien voir, Madame de plus fort & de plus avantageux pour la poëſie? & quand elle n'auroit que ce ſeul témoignage d'un des plus grands eſprits de l'antiquité, ne devroit-elle pas être bien glorieuſe? Ciceron pouvoit en parler pertinemment, il n'étoit pas, à beaucoup prés, si versé dans la poësie que dans l'éloquence, & sans doute que lorsqu'il vouloit tirer quelques Vers de sa veine, il éprouvoit bien la verité de ce qu'il vient d'avancer. Mais revenons encore à Platon ; ce que dit son Commentateur me paroît fort juste, & a beaucoup de rapport à la pensée de Ciceron.

Celui, dit-il, *qui sans se sentir inspiré des Muses veut approcher du Parnasse, esperant devenir bon Poëte par le secours de l'art, verra bien-tôt qu'il s'est trompé,*

&

& que sa poësie ne vaut rien. *

C'est aussi par cette pensée que Monsieur Despreaux commence son art poëtique, & l'on peut s'en rapporter sans crainte à un garant aussi fidele; mais passons plus avant, & tâchons de découvrir davantage l'idée que les Anciens avoient de la poësie.

Quintilien allegue, comme une preuve de l'estime qu'ils faisoient de cet art la coûtume qu'ils avoient de citer les passages des Poëtes

* Qui sine Musarum instinctu, poëticas ad fores accedit, sperans arte se poëtam evasurum, inanem ipsum atque illius poësim esse videbit. *Marsilius Ficinus in Plat.*

pour autoriser leurs causes ou leurs opinions. *Ce ne sont pas, dit-il, seulement les discours des Orateurs, où l'on voit les sentences des Poëtes employées, les Livres des Philosophes en sont pleins, & quoiqu'ils estiment que tout doit ceder à leurs préceptes & à leurs maximes, ils ne trouvent pas indigne d'eux, d'appuyer leurs sentimens de l'autorité des Poëtes.* *

Voilà, Madame, un bon endroit pour la poësie, mais

* Sententiis quidem Poëtarum non orationes modo sunt refertæ, sed librio etiam Philosophorum. Et quanquam inferiora omnia præceptis suis ac litteris credunt, repetere tamen autoritatem à pluribus versibus non fastidierunt. *Quint. inst. lib. 5.*

un Auteur moderne * dit encore quelque chose de plus fort ; il prétend qu'au rapport de saint Jerôme l'on trouve des Vers d'Epimenides, d'Aratus, & de Menandre citez dans les Epîtres de saint Paul. Auriez-vous crû cela, Madame ? Et les Poëtes ont-ils tort de se regarder, comme des hommes divins, puisque le plus grand des Apôtres, qu'on peut sans crainte appeller un homme divin, n'a pas jugé les Vers indignes de lui, & s'est servi des passages des Poëtes pour soûtenir des maximes

* *Le Pere Thomassin. Methode. De lire chrétiennement les Poëtes. Tom. I.*

quilui étoient dictées par la sagesse même. L'on n'aura pas de peine aprés cela à convenir que rien ne fait mieux comprendre la verité d'une maxime, que cette maxime renfermée dans un Vers, & qu'il est d'une grande utilité, ou, pour mieux dire, d'une necessité indispensable à un homme qui veut se rendre parfait dans l'étude des belles Lettres, d'apprendre les plus beaux endroits des Poëtes; ne trouvons nous pas tous les jours des sentences de Virgile, d'Horace, de Perse & des autres Poëtes fameux, enchassées dans les Ecrits de pluſieurs Auteurs modernes, tant ſacrez que prophanes ; penſées qui pour n'être qu'empruntées, ne leur font pas moins d'honneur par leur heureux arrangement, que ſi elles étoient de veritables productions de leur eſprit. Il n'y a point d'Orateur qui ne dût avoir lû Quintilien là-deſſus. *Theophraſte*, dit cet Auteur, *aſſure que la lecture des Poëtes eſt d'une grande utilité ; & pour moi je trouve qu'il a raiſon, parce qu'on emprunte d'eux l'eſprit dans les penſées, la nobleſſe dans les expreſſions, & le mouvement & la grace dans les paſſions, & particulierement, parce que la douceur* *que l'on trouve à lire leurs Ecrits repare en quelque façon le tort que font à l'esprit, les * mouvemens importuns du Barreau.*

Ciceron avoit dit la même chose avant lui; ce grand Orateur avoüe dans une de ses Oraisons, qu'il se fait gloire de lire les Poëtes, & qu'il ne trouve rien de si capable de recréer l'esprit; *parce que*, dit-il, *mon esprit trouve dans cette lec-*

* Plurimum dicit Oratori conferre Theophrastus lectionem Poëtarum.... Neque immeritò, namque ab his & in rebus spiritûs, & in affectibus motus omnis petitur, præcipuè quæ velut attrita quotidiano actu forensi ingenia optimè rerum talium blanditiâ reparantur. *Quint. Lib.* 10.

*ture de quoi oublier * ce bruit & ce tumulte qui regne dans le Barreau, & que mes oreilles se délassent de l'importunité que leur causent les cris & la confusion.*

Je m'imagine, Madame, vous entendre déja me dire avec vôtre vivacité ordinaire: En voilà assez, je suis persuadée de la beauté de la Poësie, & de l'estime que les Anciens en faisoient; mais passons, s'il vous plaît, à nôtre siécle. Non, Madame, vous n'êtes pas encore au bout, je veux vous

* Quia suppeditat nobis, ubi & animus ex hoc forensi strepitu reficiatur, & aures convitio defessæ conquiescant....... .... Ego verò fateor, me his studiis esse deditum. *Cic. pro Arch. Poëta.*

accabler à force de preuves, & pour vous recréer, je vai en chercher chez les Historiens; vous croiriez peut-être que les Philosophes & les Orateurs auroient été les seuls à aimer la poësie, & à reverer ceux qui possedoient cette science; je veux vous faire voir que les Rois, les Empereurs, & les plus grands Conquerans leur ont donné des marques de leur estime.

Alexandre le Grand aprés avoir vaincu Darius, apprit que parmi les dépoüilles de ce Prince, on avoit trouvé une cassette * remplie d'onguens

Plin. Lib. 7. cap. 24.
Arrian. de Bell. Alexand.
Plutar. in vit. Alex.

précieux, & toute ſemée de perles & de pierreries; l'on fut en peine à quel uſage on deſtineroit un tréſor ſi rare : car Alexandre étoit alors trop rigide obſervateur de la diſcipline militaire, pour conſerver ſi cherement des parfums. Chaque Courtiſan donna ſon avis là-deſſus; mais ce Prince, aprés les avoir tous écoûtez tranquillement: non, dit-il, je veux qu'elle ſerve à conſerver les poëſies d'Homere; il eſt bien raiſonnable que le plus excellent & le plus précieux des Ouvrages de l'eſprit humain, ſoit renfermé dans le plus précieux de tous les trésors. Depuis ce temps-là il voulut toûjours avoir cette cassette sous son oreiller pendant qu'il dormoit ; ce fut cette même estime qui le fit entreprendre le voyage du Promontoire de Sygée, pour y voir le Tombeau d'Achille, & qui le fit s'écrier dans les transports de sa joye : *Trop heureux Heros, que ton sort est digne d'envie, d'avoir eu Homere pour trompette de tes belles actions :*

* Quàm multos scriptores rerum suarum magnus ille Alexànder secum habuisse dicitur ? Atque ille tamen cùm in Sygæo ad Achillis tumulum adstitisset : O fortunate, inquit, adolescens, qui tuæ virtutis præconem Homerum inveneris. *Cic. pro Arch. Poët.*

Alexandre, dit Ciceron, avoit à ſa ſuite pluſieurs Hiſtoriens, qui étoient chargez du ſoin de rediger par écrit toutes ſes belles expeditions; cependant il porta envie au ſort d'Achille, & fit voir par là, qu'il auroit préferé un bon Poëte, à tous les meilleurs Hiſtoriens du monde. Il eut la même veneration pour la memoire de Pindare, & lorſqu'il ſe rendit maître de Thebes, la maiſon & la famille de ce Poëte fut la ſeule à qui il voulût qu'on ne touchât point.

Auguſte n'eut-il pas les mêmes égards pour Virgile?

Ce Prince pour récompenser ses Troupes, leur avoit abandonné la possession de plusieurs Contrées d'Italie. Le Village d'Andez, où le pere de Virgile avoit ses heritages, fut du nombre, & par consequent partagé aux Soldats; que fait Virgile dans une conjoncture si fâcheuse? Il vient à Rome, se fait connoître par ses Ouvrages à la Cour d'Auguste, & enfin obtient, non seulement son patrimoine, mais encore un établissement à Rome: de sorte que, si nous en croyons quelques Auteurs, les bien-faits du Prince à son égard monterent à deux cens cinquante mille écus de rente, * ſuivant la comparaiſon de la Monnoye des Romains avec la nôtre; & l'eſtime que l'on eut pour lui crût à un tel point, qu'un jour qu'il ſe trouva à la repreſentation de quelques jeux publics, le Peuple ſe leva, comme ſi Ceſar fût arrivé.

Horace, auſſi-bien que Virgile, ne dût ſon élevation qu'à ſes Vers. Ce fut ce qui lui donna entrée chez Mecene; & ſans ce talent, il n'eût pas eu trop de lieu de ſe loüer de la fortune. Il avoüe lui-même dans une de ſes Epî-

* *Dictionn. curieux de Mr. de Rochefort.* Verbo *Poëte.*

tres, que l'indigence [a] lui a mis la plume à la main. Dans le temps qu'il écrivoit cela ; il étoit au-dessus de ses besoins, les liberalitez d'Auguste y avoient suffisament pourvû, & il y a grande apparence qu'il ne parloit de la sorte, que pour remercier ce Prince plus finement.

Je n'aurois jamais fait, Madame, si je voulois entrer dans le détail des faveurs que les Poëtes ont reçû des Princes & des Empereurs ; vous sçavez que les Atheniens éleverent des Statuës [b] au Poëte

a Paupertas impulit audax.
Ut versus facerem. *Horat. Ep. Lib. 2.*
b *Plutarq.*

Menandre, honneur que leur Sage Legiſlateur Lycurgue voulût que l'on fit auſſi à Eſchiles, à Sophocle, & à Euripide; Eſope [a] fit les délices de Créſus; le grand Scipion [b] ne pouvoit aller à la guerre s'il n'étoit accompagné du Poëte Ennius; enfin l'Empereur Marc Antonin fit tant de cas du Poëte Oppien, qu'il lui fit donner juſqu'à vingt mille écus d'or [c] pour chaque Vers d'un poëme qu'il lui preſenta.

Je pourrois encore ajoûter à tout cela quelques exemples negatifs, qui fer-

a *Lafontaine.*
b *Cic. pro Arch.*
c *Diction. curieux.*

roient voir l'eſtime que l'Antiquité faiſoit des Poëtes, par le mépris qu'elle témoignoit pour les Souvérains qui ne les aimoient pas. C'eſt ce que dit Mr. Deſpreaux dans une de ſes Epigrammes.

Pour quelque vain diſcours ſottement avancé
Contre Homere, Platon, Ciceron, & Virgile;
Caligula par tout fut traité d'inſenſé,
Neron de furieux, Adrien d'imbecille.

Mais en voilà ſans doute trop, Madame, pour vous convaincre,

vaincre, & peut-être assez pour vous ennuyer; que voulez-vous que je fasse? Il vaut mieux pecher par l'abondance, que par la sterilité en fait de preuves, & dûsse-je essuyer de vous quelques petits reproches, je veux pousser encore plus loin. Pour vous faire trouver la chose bonne, je vais vous prendre par vôtre endroit sensible, je veux dire par vôtre conscience. Cela vous étonne sans doute, & vous avez de la peine à deviner ce que vôtre conscience peut avoir à démêler avec la poësie, le voici.

N'est-il pas vrai que dans

le moindre doute d'une chose qui peut blesser vôtre délicatesse, vous tenez pour l'affirmative? & que vous ne voulez rien hazarder sur cette matiere? sans doute me répondez-vous; or je suppose qu'un Directeur vous deffende la lecture des Poëtes, & vous en fasse un scrupule; n'est-il pas certain que malgré les exemples que je vous ai rapporté des Anciens Philosophes & des plus grands Conquerans; j'aurai le chagrin de voir que je n'aurai rien fait, & que vous n'en aurez pas plus d'égard pour la poësie; or c'est ce scrupule que je voudrois tâcher de détruire, s'il n'étoit fondé que sur une vaine apprehension, & cela par des exemples tirez des plus sçavans Docteurs de l'Eglise.

L'Empereur Julien * surnommé l'Apostat, fit une Loi qui deffendoit aux Chrétiens d'enseigner la poësie, sous pretexte qu'il n'étoit pas permis à des gens qui n'adoroient qu'un Dieu, de lire les Ecrits de ceux qui en admettoient plusieurs : ce pretexte étoit beau en apparence, & sembloit même fort favorable au Christianisme; mais les

* *Thomass. Meth. de lire les Poët. Tom. 1.*

Peres de l'Eglise de ce temps-là connurent facilement la malice de ce Prince, & le tort que cette Loi prise dans toute son étenduë pourroit causer dans la suite ; & pour y obvier par leur exemple, ils composerent eux-mêmes des Vers qui furent bien-tôt aussi estimez que ceux des Anciens, & sur tout saint Gregoire de Nazianze, qui aussi-tôt aprés la promulgation de cette Loi, s'appliqua à composer des Poëmes Epiques, des Comedies, & des Tragedies, à l'imitation de Menandre & d'Euripide.

Je voudrois bien sçavoir,

Madame, ce que peuvent ici m'objecter les ennemis de la poësie: car enfin, si les Vers sont si méprisables, pourquoi les Peres de l'Eglise trouverent-ils la Loi qui leur en deffendoit l'étude, si rigoureuse, que ne pouvant plus lire les Poëtes, ils devinrent Poëtes eux-mêmes? S'ils n'avoient pas jugé la Poësie digne d'un Chrétien, ils n'auroient pas laissé un tel exemple à tout le Christianisme; cela me paroît assez clair, & je crois que d'un principe aussi juste, l'on peut tirer une consequence qui ne le sera pas moins, & dire que puisque les Peres de l'Eglise ont aimé les Vers, jusqu'au point d'en composer eux-mêmes, ne pouvant pas lire ceux qui avoient été composez par d'autres, nous qui n'avons pas à beaucoup prés ni leur science, ni leur vertu, nous pouvons bien regler nôtre sentiment sur le leur, sans craindre de passer pour trop relâchez.

Saint Bazile, surnommé le grand, composa un traité exprés pour faire voir l'utilité que la jeunesse Chrétienne pouvoit retirer de la lecture des Poëtes prophanes; ce qui nous fait connoître que ce grand Homme ne croyoit pas la poëſie incompatible avec les regles les plus pures du Chriſtianiſme ; & c'eſt pour cela qu'il propoſe Heſiode, comme l'école de la ſageſſe, de même que ſaint Gregoire propoſe l'Odyſſée d'Homere, comme un modelle de vertu & de patience.

Saint Auguſtin méme, qui dans ſes Confeſſions ſemble blâmer Virgile & ſes fictions, laiſſe aſſez entrevoir que ce n'eſt pas tant le Poëte qu'il blâme, que la methode dont il ſe ſervoit en le liſant. C'eſt ce que remarque fort bien un Auteur * moderne. *Comment,*

* *Le P. Thomaſſ. Meth. de lire les Poët. Tom.* I.

dit cet Ecrivain, *pourroit-on accorder saint Augustin avec lui même? Quand il veut d'un côté que la deffense faite aux Chrétiens par Julien l'Apostat de lire les Poëtes, ait été une persecution faite à l'Eglise; & de l'autre, quand il s'emporte contre ces études? Si l'étude des Poëtes est une étude pernicieuse, la Loi de Julien l'Apostat n'a rien de rude; au contraire il faloit l'accepter avec joye, & même la prévenir: mais si cette Loi paroît tyrannique, il faut donc confesser qu'elle nous privoit d'un secours necessaire à nôtre Religion, & d'un avantage considerable.*

L'on voit par là, Madame, que si saint Augustin paroît en-

en quelques endroits blâmer la poësie, ce n'est qu'à cause du mauvais usage que l'on en faisoit ; mais qu'au fonds, il la regardoit comme fort utile au Christianisme, puisqu'il s'emportoit contre la Loi qui en deffendoit l'étude aux Chrétiens. C'est de la même maniere que nous devons interpreter les passages des autres Peres de l'Eglise qui paroissent contraires à la Poësie, & pour le prouver, je ne veux que l'exemple du même saint Augustin, qui aprés avoir, ce semble, blâmé Virgile dans ses Confessions, applaudit, dans son Livre de la Cité de

Dieu, à la coûtume qu'on avoit de metttre cet Auteur entre les mains des enfans, dés leurs plus tendres années, *comme le plus grand, le plus fameux, & le plus excellent de tous les Poëtes.* * Ajoûtons à cela, que si cette coûtume étoit contraire au Christianisme, on ne l'enseigneroit pas encore tous les jours dans les Ecoles Chrétiennes, & qu'on ne donneroit pas des prix publics à la jeunesse pour l'exciter à y réüssir.

Je ne sçai, Madame, si vous êtes persuadée; mais il me sem-

* Ut videlicet Poëta magnus, & omnium præclarissimus, & optimus. *Lib. 1. de Civit. Dei cap. 6.*

ble du moins que vous devriez l'être; pour moi, je vous assure que peu s'en faut que je n'entre dans la fureur de Scaliger, & que si je ne craignois pas de passer pour un peu trop violent, j'aurois de la peine à m'empêcher de m'écrier avec lui: *Ceux qui d'un front barbare, & sauvage ont osé blâmer la lecture des Poëtes, ne meritent pas d'être comptez parmi les hommes, & doivent être regardez comme des bêtes.* * Mais laissons l'Antiquité, & aprés avoir veu l'estime que nos Peres faisoient

* Poëtarum lectionem qui damnarunt agresti atque aspero supercilio, bruti homines, ne in hominum quidem censu reponendi sunt. *Scaliger.*

de la Poësie, tâchons de trouver la raison du peu de cas qu'on en fait aujourd'hui.

L'idée que le vulgaire se forme aujourd'hui des Poëtes, c'est de les regarder comme des genies sombres, inquiets, rêveurs, satyriques, médisans, & enfin incapables de societé, & méme comme des gens avec qui on ne doit avoir que le moins qu'on peut de liaison. Voilà, Madame, une idée bien opposée à celle des Anciens; il faut pourtant qu'elle ait quelque fondement, & c'est ce que je vais tâcher de découvrir.

J'ai déja eu l'honneur de

vous dire que l'ignorance & la prévention étoient les deux sources de cette idée, & que par consequent elle ne pouvoit être que fort injuste, étant fondee sur de si mauvais principes : car je ne crois pas qu'on doive regarder une idée comme juste, lorsqu'elle ne regne que chez des gens qui n'ont aucune justesse d'esprit, & qu'elle est universellement condamnée de tous les sçavans. Telle est l'idée que le vulgaire a aujourd'hui de la Poësie, & même de plusieurs autres belles sciences, dont le détail seroit trop long.

Mais ſans doute, Madame, vous ne vous contenterez pas d'une explication ſi generale, & vous voudrez entrer un peu dans le détail ; il faut vous ſatisfaire, & examiner cette matiere avec toute l'attention que des Juges deſintereſſez, & amis de l'équité, apporteroient à examiner un procés de conſequence, & où la moindre negligence ſeroit une faute que leur conſcience ne leur pardonneroit jamais.

Pour mieux réüſſir dans mon deſſein, je commence par examiner ceux qui s'adonnent à la Poëſie que je réduis à trois eſpeces bien differentes l'une de l'autre, & dont il eſt pourtant abſolument neceſſaire de faire la diſtinction.

La premiere eſt de ceux que l'on doit veritablement appeller Poëtes dans le ſens des Anciens. Tels qu'Homere, Virgile, Corneille, Racine, Deſpreaux, & pluſieurs autres, qui par des Ouvrages également ſolides & réjoüiſſans, utiles & agréables, ſe ſont fait une reputation qui durera plus long-temps que les Tombeaux de marbre & d'airain.

La ſeconde eſt de ceux qui s'appliquent à la la Poëſie ſeulement, parce qu'il eſt bon de sçavoir de tout, & que pour bien juger d'une chose, il faut connoître les regles de l'art ; car comment juger de Corneille, de Racine, de Despreaux, &c. si l'on ne sçait pas les regles de la Poësie? Cela me paroît assez difficile, à moins que de vouloir se tromper à tout moment, & se traduire en ridicule aux yeux des Connoisseurs. Outre cela n'est-il pas bien agréable de sçavoir pour sa propre satisfaction, & celle de ses amis, composer un Madrigal ou une Chanson lorsque l'occasion s'en presente, & y a-t-il rien de plus innocent?

La troiſiéme eſpece eſt de ces Poëtes, ou plûtôt de ces rimeurs de profeſſion, qui ſans diſpoſition naturelle, ſans regles de l'art, ſans ſcience, ſans étude, & ſans jugement, ſe mêlent de rimer ſur tout ce qui leur vient en penſée, d'eſtropier la fable dans leurs comparaiſons ridicules, & d'employer des termes que perſonne n'entend, à exprimer des penſées qu'ils n'entendent pas eux-mêmes.

Comme la premiere de ces trois eſpéces eſt au-deſſus de ce que peut dire le vulgaire, je ne m'arrêterai point à faire ſon apologie. Tout le monde ſçait que les grands hommes qui la compoſent, en heritant de la ſcience des Virgiles & des Horaces, heritent en même temps de leur bonheur. Corneille a reçû mille bien-faits de ſon Prince, Racine a fait les délices de la Cour, Deſpreaux joüit * actuellement du fruit de ſa veine malgré la rigueur des temps ſi contraire aux gens de Lettres. C'eſt encore pour favoriſer les heureux talens de tant d'autres favoris d'Apollon que les Academies de Paris, de Toulouſe, & de

* *Il n'étoit pas encore mort dans le temps que cette Lettre fut composée.*

Caën, donnent des prix publics à ceux qui réüſſiſſent le mieux dans cet art; preuves infaillibles de l'eſtime que les Princes & les gens d'eſprit font encore aujourd'hui de ceux que la nature a doüé d'un ſi beau talent. Mais comme il s'agit ici de faire voir ſur quoi eſt fondée cette fauſſe idée du vulgaire, & qu'il eſt fort viſible que ce ne ſont pas ces Poëtes du premier ordre qui l'ont cauſée; voyons à qui l'on doit en imputer la faute.

Ce n'eſt pas à ceux de la ſeconde eſpece que l'on doit auſſi s'en prendre : car un homme qui ne s'adonne à la

Poëſie que pour ſçavoir juger ſainement des Poëtes, diſcerner les bons Ouvrages d'avec les mauvais, & composer quelquefois par hazard vingt ou trente Vers pour ſon divertiſſement; cet homme, dis-je, ne doit pas être regardé, comme un genie ſombre, inquiet, rêveur, ſatyrique, médiſant, & enfin comme un homme avec qui on ne doit avoir aucune liaiſon.

C'eſt donc à la troiſiéme eſpece de Poëtes qu'il faut imputer la cauſe de l'idée deſavantageuſe que le vulgaire a aujourd'hui de la Poëſie; ce ſont ces faiſeurs de Vers qui ont décrié une ſcience ſi belle dans ſon origine, & ſi heureuſe dans ſes progrés. Et en effet, qu'y a-t-il de plus raiſonnable que de traiter de foux & de viſionaires des gens qui ſans aucune teinture d'une ſcience veritable, en dépit de la nature, veulent s'ériger en Poëtes, & marcher de pair avec les Corneilles & les Racines; ſe donne t il un combat? meurt il un Grand? un Amant rompt-il avec ſa Maîtreſſe? execute t-on un filou? Dieu ſçait quel ample ſujet pour leur veine, ce ne ſont que Vers acroſtiches, anagrammes, épitaphes, où le ſens commun gémit & crie vengeance à chaque ligne. En verité cela ne fait-il pas pitié ? Et des Poëtes de cette ſorte ne meriteroient-ils pas qu'on expiât ſur leur dos les fautes que commet leur genie ?

Il y en a qui pouſſant leur extravagance encore plus loin, s'appliquent à compoſer des Chanſons impies & libertines, & même ſemées d'injures contre la reputation des femmes les plus vertueuſes ; avec cela ils triomphent, & ſuivis de quelques fats & mauvais plaiſans, approbateurs zélez de leurs Ouvrages, ils font retentir les murs des Cabarets de ces dignes productions de leurs veines. C'eſt à ces faiſeurs de Vers que l'on peut appliquer ces paroles de ſaint Jerôme : *Les Vers des Poëtes ſont une nourriture de Demons* : * car il eſt conſtant que rien n'eſt ſi pernicieux pour la vie civile que ces écrits empeſtez, qui corrompent inſenſiblement le cœur de ceux qui n'ont pas aſſez de genie pour en connoître le venin. C'eſt auſſi aux mêmes que Platon, qui avoit tant d'eſtime pour les verita-

* Dæmonum cibus eſt carmina Poëtarum. *S. Jerom.*

bles Poëtes, qu'il les appelle les fils des Dieux & les Peres de la sagesse ; c'est, dis-je, à ces méchans Poëtes que Platon deffendoit l'entrée de sa republique ; *je veux*, dit-il, *que ces Poëtes perturbateurs du repos public, & si pernicieux à la jeunesse, se déterminent ou à changer de stile, ou à quitter absolument la Ville.* *

Or ce sont ces méchans Poëtes, qui par leurs extravagances ont décrié la Poësie; le vulgaire a veu leurs pieces

* Poëtam perturbatos animos acriùs imitantem, tanquam noxium juventuti jubet Plato vel mutato stilo constantem habitum imitari, vel ex urbe procul abire. *Mars. Fic. in Platonem.*

insensées,

inſenſées, il les a traité de foux, & a eu raiſon ; mais qu'eſt-il arrivé? Son ignorance & ſa prévention lui ont fait regarder tous les Vers, comme les productions d'un eſprit gâté, & parce qu'il ne ſçait pas faire la difference de ces trois eſpeces de Poëtes, cependant ſi differentes l'une de l'autre, il a tout confondu, & a regardé un homme comme un fou dés qu'il s'adonnoit à la Poëſie : de ſorte qu'il ne mettra point de diſtinction entre un homme qui pour ſe recréer aura composé une piece de Vers également belle par ſes expreſſions, & ſolide par ſes penſées, & un fat qui aura barboüillé du papier ſans rime & ſans raiſon.

Vous voyez aſſez, Madame, que cette idée ne vient que de l'ignorance & de la prévention du vulgaire : car les perſonnes d'eſprit ſçauront bien en juger autrement; quoi qu'à bien approfondir la matiere, il ſe trouve quelquefois des gens d'eſprit qui donnent dans cette extrêmité; mais ce n'eſt alors ni l'ignorance ni la prévention qui les fait agir de la ſorte, c'eſt ordinairement la haine ou l'envie; ſi un homme n'eſt pas de leurs amis, ils admireront en eux-mêmes le talent qu'il a de bien ſaire les Vers, ils ſe diront bien qu'il n'y travaille que rarement & aux heures de ſon loiſir, qu'il traite cela de divertiſſement, & non pas d'occupation ſerieuſe. Mais vient-on à parler de lui, l'idée que le vulgaire a des Poëtes leur met la vengeance en main, ils profiteront de l'ignorance & de la prévention des femmes & des autres membres de la compagnie, pour lui faire un crime de ſa ſcience; ils le peindront aux yeux de tout le cercle, comme un homme qui fait ſon métier & ſon unique occupation de la Poësie, ils publieront que c'est un satyrique, un médisant, & enfin un Poëte ; ceux dont il ne sera pas connu, concevront sans doute de lui une idée fort desavantageuse, & au fonds ne seront-ils pas excusables ? si cependant on peut être excusable de condamner un homme sans l'entendre.

Une autre raison du mépris que les personnes même, qui dans le monde se piquent d'avoir de l'esprit, marquent pour la poësie, c'est, selon Mr. Hüet, * l'attachement que l'on a aujourd'hui à la lecture

* *Orig. des Rom.*

des Romans ; avant que la France fût inondée de ces méchans Ouvrages, les femmes ne recherchoient point d'autre lecture pour se recréer, que celle de l'Histoire Poëtique, des Metamorphoses d'Ovide & des Poëtes anciens dont nous avions les traductions. Elles se formoient insensiblement le goût en lisant ces Ouvrages, & lorsqu'il paroissoit quelque piece de Vers, elles se trouvoient aussi capables d'en juger, que les hommes, par la connoissance qu'elles avoient acquise & de la fable, & du tour Poëtique ; mais depuis que les

Cyrus, les Clelies, les nouvelles galantes, & mille autres Ouvrages pareils eurent veu le jour, elles mépriserent insensiblement la Fable & l'Histoire, pour dévorer tout ce qui s'appelle Roman, cela leur a fait perdre le goût qu'elles avoient pour la Poësie: de sorte que pour ne pas avoüer leur ignorance, elles commencent par blâmer une chose, dés qu'elles ne l'entendent pas. Les hommes polis qui composent ce qu'on nomme le Beau Monde, ont suivi leur exemple pour leur plaire, & l'on voit même à Paris & dans les Provinces la plûpart des connoiſſances entre les jeunes perſonnes de ſexe differens, ne ſe faire & ne s'entretenir que par le commerce des Romans. Les filles même pouſſent cette fureur ſi loin, qu'elles paſſent les nuits entieres à lire les complimens d'un Heros qui n'a jamais été, à une Heroïne qui ne fut jamais. Il ne faut pas s'étonner aprés cela ſi elles ont l'eſprit Romaneſque, elles ne peuvent plus parler que dans la derniere délicateſſe, le moindre terme qui n'eſt pas relevé leur choque l'oreille, les plus petites choſes prennent un tour, & une expreſſion figurée dans leur bouche ; & si un homme ne sçait leur debiter ses sentimens qu'en des termes naturels & ordinaires, quelque esprit qu'il ait, elles sçauront bien vous convaincre qu'il n'est qu'une bête.

Voilà, Madame, si je ne me trompe, le sentiment du vulgaire au sujet de la Poësie assez bien dévelopé ; & je crois que vous êtes persuadée aussi-bien que moi, qu'on ne doit s'en prendre qu'à son ignorance & à sa prévention ; vous vous attendez sans doute que je vais tâcher de détruire ces deux vices : car il semble qu'aprés avoir trouvé la cause d'un

mal,

mal, le premier ſoin que l'on doit avoir, c'eſt de courir au remede, & que ſans cela tout le reſte n'eſt rien. Mais non, Madame, il n'en eſt pas de cette maladie comme des autres; il y a trop long-temps que le vulgaire eſt dans les tenebres, pour qu'il puiſſe deſormais ſouffrir la lumiere; parcourez tous les ſiécles paſſez, liſez tous les Auteurs de l'Antiquité, vous trouverez par tout l'ignorance combatuë; en regne-t-elle moins aujourd'hui? Ne ſemble-t-il pas plûtôt que ce ſoit un titre d'eſprit que de ne rien ſçavoir? La plus grande partie de la Nobleſſe croiroit degenerer ſi elle apprenoit d'autres ſciences que celles des Armes & du Blazon; encore ne les eſtime-t-elle qu'autant qu'elles lui ſervent à ſoûtenir ſon orgüeil & ſa vanité; mais pour ce qui s'appelle érudition, un Gentilhomme n'auroit-il pas honte d'en avoir? c'eſt cet homme de Boileau qui

Condamne la ſcience, & blâmant tout écrit,
Croit qu'en lui l'ignorance eſt un titre d'eſprit;
Que c'eſt des gens de Cour le plus beau privilege,
Et renvoye un ſçavant dans le fonds d'un College.

D'un autre côté le Bourgeois, qui n'a rien en vûë que sa fortune & son interêt, ne trouve aucune science belle que celle qui lui apporte du profit.

Dans le siécle où nous sommes
Est-ce au pied du sçavoir qu'on mesure les hommes?
Veux-tu voir tous les grands à ta porte courir?
Dit un pere à son fils dont le poil va fleurir,
Prends-moi le bon parti, laisse-là tous les Livres,
Cent francs au denier cinq, combien font-ils? vingt livres;
C'est bien dit, va, tu sçais tout ce qu'il faut sçavoir.

Voilà comme Mr. Despreaux fait raisonner les hommes, & comme ils raisonnent en effet. Le moyen, Madame, de détruire l'ignorance dans des esprits comme ceux-là ? Et comment pouvoir guerir des malades qui ne veulent point prendre de remedes, & qui regardent leur guerison comme un mal ?

Il s'en trouve pourtant, me direz-vous, quelques-uns dans un si grand nombre qui aiment la science, & qui estiment ceux qui la possedent. Je l'avoüe, Madame ; mais combien en trouvera-t-on ? à peine sur mille y en aura-t-il quatre ; les autres ſeront ou des Aſtrologues, qui ſans rien ſçavoir voudront raiſonner de tout, & impoſer par-là à ceux qui ſont ignorans de bonne foi ; ou des gens qui ne ſeront pas, ſi vous voulez, tout-à-fait dépourvûs d'eſprit, mais qui n'ayant aucune ſcience, & trés-peu de jugement, ſe laiſſeront aller au gré du vent, & ſeront toûjours de l'avis le plus commun.

Comme les premiers ont la vûë fort baſſe, & qu'ils ne découvrent rien au delà de ce qu'ils ſçavent, ils ne peuvent pas s'imaginer qu'il y ait quelqu'un au monde qui en ſçache plus qu'eux. Dans cette opinion ils décident hardiment du merite d'une chose, sans la connoître, soûtiennent leurs sentimens avec chaleur, & n'écoutent les autres que pour leur donner des démentis. De là vient que ces gens pour l'ordinaire sont grands railleurs, & fort mauvais plaisans.

Les autres paroîtroient peut-être plus aisez à corriger; mais c'est un abus; si un homme de cette trempe s'applique quelquefois à la lecture, & trouve dans un Livre des raisons pour détruire ses préjugez & son ignorance, elles feront peut être d'abord quelque impreſſion ſur ſon eſprit ; mais ſe trouve-t-il avec des ſots & des ignorans? il oublie bien-tôt & le Livre & les Reflexions ; ſemblable à ces débauchez qui font quelquefois de bonnes reſolutions, mais qui ne durent qu'autant qu'ils ne trouvent perſonne qui leur rappelle leurs anciennes maximes de libertinage.

Au reſte, Madame, ne croyez pas que pour détruire l'ignorance, je vouluſſe aſſujettir tout le monde à l'étude ; je ne prétens pas qu'un homme engagé dans des emplois, ou dans des états qui ne lui permettent pas de s'appliquer à la ſcience, neglige ſes occupations & ſa fortune, pour acquerir des lumieres qui n'enrichiſſent ordinairement que l'eſprit ; mais il faudroit au moins qu'un chacun s'appliquât à ſe connoître ſoi-même, avoüât de bonne foi ſon ignorance, & trouvât l'érudition belle dans ceux qui la poſſedent, ſans ſe piquer d'eſprit, ou en la mépriſant hardiment, ou en affectant de paſſer pour ſçavant, ſans avoir d'autre merite que celui de ſe croire toûjours plus habile que les autres. Ciceron & Horace, deux des plus grands genies de l'Antiquité, n'avoient pas honte d'avoüer leur ignorance en ce qu'ils ne sçavoient pas, & d'admirer ceux qui possedoient des talens dont ils étoient dépourvûs. *Quand bien même* (dit l'Orateur Romain) *nous ne serions pas capables de goûter les beautez de la science, nous devrions toûjours la trouver belle & admirable dans ceux qui la possedent.* *

Voilà, Madame, ce qu'il faudroit faire pour détruire l'ignorance & la prévention,

* Quod si ipsi hæc neque attingere, neque sensu nostro gustare possemus, tamen ea mirari deberemus, cùm in aliis videremus. *Cic. pro Arch.*

& c'eſt ce qui ne ſe fera jamais; cela ne m'empêchera pourtant pas d'établir deux regles pour ceux qui ſans avoir une grande connoiſſance de la Poëſie, voudroient juger équitablement des Vers qui leur tomberont entre les mains; & cela, non pas pour vous inſtruire, Madame, puiſque je me ferois gloire de recevoir des inſtructions de vous ſur cette matiere ; mais pour vous faire voir que je veux vous obéïr exactement & ne rien oublier dans cette Lettre de ce qui peut regarder le ſujet que j'y traite.

Premierement, je ſerois d'avis que l'on condamnât tous les Vers remplis de traits médisans. Je dis de traits médisans : car il y a bien de la difference entre la satyre & la médisance, celle-ci attaque les vicieux en particulier, celle-là le vice en general ; la premiere critique les Ouvrages du méchant écrivain, la derniere attaque, l'écrivain même. Ainsi tout ce qui s'appelle Vers, où l'on décrie l'honneur ou la famille de quelqu'un, toutes Chansons injurieuses à la reputation d'un particulier ; tout cela, dis-je, si l'on m'en croit, devroit être condamné, puisque quelque bon qu'il puisse être selon les regles de la Poësie, il péche contre les regles de la probité & de la Religion.

Il suffit d'être honnête homme selon le monde, pour avoir en horreur toutes ces Poësies impures, où l'honneur & la reputation, la pudeur & la probité ont également à souffrir. Nous en avons un bel exemple dans l'Antiquité. Les Romains ayant été vaincus par les Parthes, on trouva dans leur bagage les Poësies d'Aristides le Milezien, qui, selon toutes les apparences étoient d'un stile peu honnête ; l'Historien * remarque que Surena leur reprocha cette tache plus vivement que la perte de la victoire ; tant ces peuples, qui étoient d'ailleurs assez licentieux, avoient d'horreur pour des écrits où la pudeur étoit offensée.

La seconde regle que l'on doit suivre, c'est de ne s'en point rapporter à ses propres lumieres lors qu'on sçait bien n'en avoir pas assez pour juger d'un Ouvrage : car une piece peut être remplie de fort bonnes pensées & de pieux sentimens, sans être dans les regles de la Poësie ; & en ce cas

* *App. de Bell. Parth.*

là il faut s'en rapporter à ceux que l'on ſçait capables d'en juger pertinemment & ſans paſſion : car il y a beaucoup de perſonnes, comme je l'ai déja dit, qui ne rendent pas toûjours la juſtice qu'elles ſçavent bien être dûë.

Je finirois ici, Madame, ſans que je croi que vous ne ſerez pas fâchée de voir les préceptes que je donnerois à un homme qui voudroit s'appliquer à la Poëſie, ſans encourir la cenſure du vulgaire : je les reduis à cinq.

Premierement, tout homme ſtudieux de la Poëſie, à moins qu'il ne ſe ſente aſſez de talent pour égaler les Poëtes les plus fameux, doit se proposer pour but de ne l'apprendre que pour avoir le plaisir de juger sainement des Poëtes, d'en connoître les bons endroits, & de sçavoir distinguer les bons d'avec les mauvais. N'est-il pas bien chagrinant pour un homme qui d'ailleurs a de l'esprit, de voir representer une Comedie, ou d'entendre lire une piece de Vers, sans en pouvoir dire tout haut son sentiment, crainte de ne pouvoir pas l'appuyer de bonnes raisons? Or comment l'appuyera-t-il de bonnes raisons, s'il ne ſçait pas les regles de la Poëſie?

Secondement, de ne ſe mettre point ſur le pied de ſatyrique. Quelque bonne que ſoit une penſée, elle fait plus de tort à ſon auteur lorſqu'elle eſt piquante, qu'elle ne lui apporte d'honneur. Ceux qui ſont les premiers à en rire craignent la même choſe pour eux, & une crainte pareille dégenere ſouvent en haine & en mépris. Il en eſt de la ſatyre comme de la trahiſon; on aime la trahiſon, mais on hait le traître, la ſatyre plaît, mais on hait le ſatyrique. Mr. Deſpreaux l'avoüe lui-même.

Un

Un Auteur malin qui rit & qui fait rire.
Qu'on blâme en le lisant, & pourtant qu'on veut lire,
Dans ses plaisans accés qui se croit tout permis,
De ses propres rieurs se fait des ennemis.
Un discours trop sincere aisement nous outrage,
Chacun dans ce miroir pense voir son visage,
Et tel en vous lisant admire chaque trait,
Qui dans le fonds du cœur & vous craint & vous hait.

En troisiéme lieu, de ne rendre jamais publiques les pieces que l'on compose, mais de n'en faire part qu'à ses amis,

& encore à ceux qu'on ſçaura capables d'en juger. Horace a donné ce conſeil avant moi, écoutons le parler dans une de ſes ſatyres : *Ne travaillez pas*, dit-il, *dans la vûë de vous faire admirer de la populace, contentez-vous de voir vos Ouvrages approuvez de deux ou trois perſonnes de bon goût. Seriez-vous aſſez fou pour avoir envie de voir les Maîtres d'Ecole dicter vos Vers à leurs Ecoliers ? Ce n'eſt pas-là mon ambition, & j'aimerois mieux le ſuffrage d'un connoiſſeur que celui de toute une Ville, ſemblable en cela à cette Comediene, qui ſans ſe mettre en peine des ſiflets du peuple, continua toûjours ſon rolle, ſçachant bien qu'elle plairoit* *aux connoisseurs. Que m'importe qu'un Pantilius, qu'un Demetrius, qu'un Fannius raillent de mes Ouvrages, & rient de moi par derriere, pourveu que j'aye l'approbation d'un Plotius, d'un Varius, d'un Mécenas, & d'un Virgile? &c.* *

* Neque te ut miretur turba, labores;
Contentus paucis lectoribus; an tua demens
Vilibus in ludis dictari carmina malis?
Non ego: nam satis est equitem mihi plaudere, ut audax,
Contemptis aliis, explosa arbuscula dixit.
Men' moveat Cimex Pantilius? Aut crucier quod
Vellicet absentem Demetrius? Aut quod ineptus
Fannius Hermogenis lædat conviva Tigelli?
Plotius, & Varius, Mæcenas, Virgiliusque,
Valgius & probet hæc, &c. *Horat. Sat.* 10. *Lib.* 1.

L'on doit s'en rapporter ſans peine à un pareil Auteur: car enfin, Madame, qu'arrive-t-il à un homme qui publie ſes Vers? Il s'expoſe à paſſer dans la ſuite pour l'auteur de toutes les fadaiſes qui ſe feront dans une Ville; cela n'eſt que trop vrai, & Boileau nous en donne lui-même un bel exemple en ſa perſonne. Quand ſes ſatyres eurent paru, on lui attribua toutes les méchantes Paſquinades qui coururent dans la ſuite. Il s'en plaint lui-même dans ſa neuviéme.

Vient-il de la Province une ſatyre
fade

D'un plaiſant du païs inſipide boutade,
Pour la faire courir, on dit qu'elle eſt de moi.

Si Boileau n'a pas pû éviter cette deſtinée, comment un autre l'évitera-t-il ? Boileau, dis-je, qui avant de mourir a eu le chagrin de voir ſept ou huit méchantes ſatyres imprimées à la queuë des ſiennes dans les éditions contrefaites, aller effrontément ſe produire ſous ſon nom, & faire douter s'il n'avoit pas lui-même perdu le ſens commun aprés l'avoir fait venir à tant d'autres.

La quatriéme regle que l'on doit observer, c'est de ne prêter sa plume que rarement, & pour des occasions indispensables; un homme qui fait des Vers pour le tiers & pour le quart, merite bien la reputation de Poëte dans le sens que lui donne le vulgaire.

Enfin la cinquiéme & derniere regle, c'est de ne se point arrêter à disputer de la Poësie, ni de ses regles, devant des gens dont on ne connoît pas le genie. Encore moins de reciter ses Vers publiquement. Horace, tout habile qu'il étoit, s'en donnoir bien de garde. *Je ne recite*, dit-il, *jamais mes Vers* *qu'à mes amis, encore faut il qu'ils me prient long-temps de le faire, & qu'ils m'y contraignent, pour ainsi dire; je veux même choisir mon lieu pour cela, & ne le pas faire devant toutes sortes de personnes.* *

Voilà, Madame, tout ce que l'Histoire, les Livres, & mon genie m'ont fourni au sujet de la Poësie. Je ne sçai si vous en serez satisfaite; je vous ai toûjours fait voir autant que je l'ai pû, que l'origine de cet art est fort ancienne, & fort noble, que les premiers Poëtes furent les premiers Theologiens, & les premiers

* Non recito cuiquam, nisi amicis, idque coactus;
Non ubivis, coramve quibuslibet. *Horat. Sat. 4. Lib. 1.*

Philoſophes; j'ai prouvé tout ce que j'ai avancé par l'autorité de la Bible, des Saints Peres, des Philoſophes, des Poëtes, & des Hiſtoriens. Je vous ai montré l'eſtime qu'en ont fait les Princes & les Empereurs de l'Antiquité, & les bien-faits dont ils les ont comblez. Et paſſant à nôtre ſiécle, je vous ai expliqué l'idée que l'on a des Poëtes aujourd'hui; je vous ai fait connoître la cauſe & l'extravagance de cette idée; j'ai établi des regles pour diſcerner les bons Poëtes d'avec les mauvais, & donné des inſtructions utiles pour ceux qui s'adonnent à la Poësie. En voilà, Madame, plus que vous ne m'en demandiez ; je me croirai toûjours trop heureux, si vous trouvez que je n'ai pas mal réüssi dans le dessein que j'ai eu de m'acquiter par là d'une partie des obligations que je vous ai, & de vous assurer qu'on ne peut être avec plus de respect que moi,

MADAME,

Vôtre trés-humble & trés obéïssant Serviteur,
DE SOUVENEL.

De Rennes ce 4. Juin 1710.

SECONDE LETTRE

MADAME,

L'accüeil obligeant que vous avez fait fait à ma premiere Lettre m'a fait naître l'envie de vous en écrire une seconde sur le même sujet : ce seroit mal reconnoître vos bontez que de ne vous en pas faire mes remerciemens, &

je crois ne pouvoir pas mieux m'en acquiter, qu'en vous parlant encore d'une chose où vous avez, dites-vous, pris tant de goût, que vous ne vous lasseriez jamais d'en entendre parler.

Vous avez veu, Madame, dans ma premiere Lettre l'origine de la Poësie, ses succés, & sa décadence, vous avez paru sensible au malheur de cet art, & au mépris que le vulgaire en fait aujourd'hui ; je vous ai prouvé que ce seroit une entreprise vaine que de vouloir le détromper sur cet article, aussi-bien que sur d'autres préjugez de cette nature; n'y pensons donc plus, Madame, laissons à d'autres plus heureux que nous le soin de lui ouvrir les yeux, & tournant toute nôtre attention sur nous-mêmes, tâchons de faire ce que nous voudrions qu'il fit, c'est-à-dire, tâchons de nous faire un esprit juste, & de ne donner jamais dans une opinion, par la seule raison qu'elle est la plus commune.

Comme je vous ai déja donné une idée nette de la Poësie, & que vous êtes suffisamment instruite de ce qu'une personne d'esprit doit sçavoir à ce sujet, je vai creuser la matiere dans cette Lettre, &

vous faire connoître encore davantage la beauté de cet art.

L'étimologie du mot *Poëte* nous vient d'un verbe Grec qui signifie *faire*. * Voilà, me direz vous une plaisante étimologie, & en effet elle paroît assez bizare, quand on ne s'applique pas à en connoître les rapports : car quelle apparence dans nôtre Langue que *Poëte* & *faire* soient dérivez l'un de l'autre ! cela est à la verité plus souffrable dans le Grec, & je souhaiterois fort que vous sçussiez cette Lan-

* ποιεῖν, *faire*.
ποιητὴς, *Poëte*.

gue aussi-bien que la Latine ; pour vous faire connoître par vous-même, ce que vous ne comprendrez qu'imparfaitement dans l'explication que je vais vous en donner ; n'importe : les Grecs pour parler un autre langue que nous, n'avoient pas des esprits faits autrement que les nôtres, & la raison qui leur a fait dériver le mot *Poëte* du Verbe *faire*, nous servira peut-être également à en connoître les rapports.

J'établis d'abord pour mon principe, que les Poëtes étoient au monde avant leur nom, c'est ce qu'on ne sçauroit me nier : car selon l'opinion reçûë de tous les Philosophes, le nom n'eſt fait que pour exprimer la choſe, & la choſe n'exiſtant point encore, le nom n'eſt qu'un ſon inutile qui ne ſignifie rien. Or ſi le nom de Poëte n'eſt au monde qu'aprés les Poëtes mêmes, il y a eu quelque raiſon pour leur donner ce nom préferablement à tout autre, & c'eſt de ce raiſonnement que je prétens tirer les rapports que ce mot peut avoir avec le Verbe dont les Grecs le font dériver. Pour y mieux réüſſir, il faut que vous ſçachiez, Madame, que les Anciens, à l'exemple d'Adam, n'impoſoient jamais un nom à une choſe, ſoit à un homme, ſoit à un art, que ce nom ne lui fût propre pour quelque raiſon particuliere : nous en avons mille exemples dans l'Hiſtoire ſacrée, où nous voyons les Peres ne tranſmettre jamais leur nom à leurs enfans, comme c'eſt l'uſage parmi nous. Rachel aprés avoir obtenu un fils du Ciel s'écrie, *le Seigneur a jugé en ma faveur*, * & elle nomme ſon enfant *Dan*, mon Hebreu qui ſignifie *jugement*. Lia dans dans les

* Judicavit mihi Dominus, & exaudivit vocem meam, dans mihi filium, & idcirco appellavit nomen ejus Dan. *Geneſ. cap.* 30.

transſports de la joye que lui cauſe ſon enfantement s'écrie, *mon époux demeurera avec moi*,* & elle nomme ſon fils *Zabulon*, autre mot Hebreu qui ſignifie *demeure*. Il en eſt de même des noms qu'ils impoſoient aux arts & aux ſciences, & les Grecs qui les imitent en beaucoup d'autres choſes, ſuivent encore leur exemple en celle ci. Tout cela établi, il s'enſuit que les Grecs ont eu une raiſon pour faire dériver le mot *Poëte* de ce Verbe, & & qu'il faut que le genie ou

* Etiam hâc vice mecum erit maritus meus, eo quod genuerim ei ſex filios, & idcirco appellavit nomen ejus Zabulon. *Ibid.*

les actions des Poëtes leur ayent donné lieu de le faire. C'eſt ce que je vais tâcher de déveloper.

Je vous ai déja fait voir, Madame, que les premiers Poëtes ont été les premiers Philoſophes; ſi vous en doutez encore, il m'eſt aiſé de vous en convaincre par le témoignage de Platon. Mais j'aurai occaſion de le faire plus bas; c'eſt-à-dire, Madame, que les Poëtes ont été les premiers à faire des Ouvrages ſur la Religion & ſur la nature. Tâchons de nous repreſenter la ſurpriſe des Peuples, lorſqu'ils virent pour la premiere fois ces Ouvrages divins! ils furent ſans doute bien remplis d'étonnement & d'admiration, en voyant des hommes animez d'un eſprit inconnu au reſte des mortels, debiter en des termes ſublimes, & des phraſes meſurées, tout ce que l'on pouvoit dire de plus relevé ſur les choſes celeſtes, & ſur les ſecrets de la nature. L'admiration produiſit l'eſtime dans les cœurs des Peuples, & c'eſt ce qui fut cauſe qu'ils appellerent *Poëtes* ces hommes divins, nom qui rendu dans nôtre Langue veut proprement dire, *ceux qui font*, par excellence, ne croyant pas pouvoir leur en donner un plus digne de leurs emplois, ni en même-temps plus significatif, puisqu'ils désignoient par ce seul mot toutes les belles occupations qui consumoient le loisir de ces grands hommes.

Voilà, Madame, l'étimologie du mot *Poëte*, & la raison pourquoi les anciens l'ont fait dériver du Verbe *faire*, & cela doit vous surprendre, d'autant moins, que nous qui ne sommes pas Grecs, parlons tous les jours de la même maniere, puisque pour désigner un homme sçavant en plusieurs matieres, nous diſons, un homme *qui ſçait*, ſans marquer préciſement en quoi conſiſte ſa ſcience, & que de même les Anciens ont fort bien pû dire par excellence *celui qui fait*, pour déſigner un Poëte, ſans marquer préciſement ce qu'il faiſoit, puiſque ſon emploi s'étendoit à toutes les ſciences, & qu'il étoit en même tems Theologien, Philoſophe, Hiſtorien & Poëte.

Une autre que vous, Madame, me blâmeroit ſans doute d'être ſi prolixe ſur des choſes qui ne paroiſſent de nulle conſequence, mais j'oſe me flater que cette étimologie, & l'explication que je viens de vous en donner, ne vous déplairont pas quand vous ferez reflexion qu'elles ſont la premiere preuve de la beauté de la Poëſie. Mais paſſons du nom à la choſe, & voyons quelles ſont les qualitez qui doivent concourir à former un Poëte.

Je ne m'arrêterai point à vous repeter ici ce que j'ai déja dit à ce ſujet dans ma premiere Lettre, ni à vous faire le portrait de ceux à qui le vulgaire ignorant prodigue le nom de Poëte, dans un ſens bien different de celui qu'il a parmi les perſonnes d'eſprit. Je me borne ſeulement à vous faire connoître ce que c'étoit qu'un Poëte chez les Anciens, & ce qu'il doit être encore parmi nous.

Horace dans une de ses satyres nous en donne en peu de mots la juste & veritable idée; *Ne croyez pas*, dit-il, *que ce soit assez de sçavoir renfermer un nombre certain de mots dans la mesure d'un Vers, ni de s'expliquer en des termes naturels, tels que sont ceux dont je me sers dans mes Ouvrages, pour meriter la reputation de Poëte; n'honorez de ce nom que ceux à qui le Ciel a fait present d'un entendement tout divin, & d'une langue capable de* *traiter les matieres les plus sublimes.* *

Vous voyez, Madame, que l'on a grand tort de prodiguer le nom de Poëte à ces méchans rimeurs dont je vous ai parlé, & que si Horace renaissoit, il seroit fort surpris de voir sa regle si mal observée.

Une autre regle qui nous prouve l'excellence de la Poësie, c'est qu'elle est la seule de toutes les sciences qui ne peut

* Neque enim concludere versum
Dixeris esse satis : neque si quis scribat, uti nos,
Sermoni propiora, putes hunc esse Poëtam.
Ingenium cui sit, cui mens divinior, atque os
Magna sonaturum, des nominis hujus honorem. *Horat. Sat. 4. Lib. 1.*

souffrir

ſouffrir de mediocrité. Il n'y a point de milieu ; ſi un Poëte n'a pas ces qualitez que demande Horace, il n'eſt qu'une miſerable Grenoüille des Marais du Parnaſſe, rien ne ne peut l'excuſer, les hommes ni les Dieux mêmes ne peuvent le ſauver du naufrage.* Et pour m'expliquer dans les termes de Boileau.

Sur ce mont ſacré
Qui ne monte au ſommet, tombe au plus bas degré.

L'induction que nous devons tirer de là me paroît aſſez

* Mediocribus eſſe Poëtis Non homines, non Dî, non conceſſere columnæ. *Horat.*

claire : car enfin tout ce qui tend à la perfection, ou pour mieux dire tout ce qui ne ſçauroit être, qu'il ne ſoit parfait, exclut de ſoi-même toute ſorte de défaut. Si la Poëſie eſt la ſeule ſcience qui demande ce dernier degré de perfection, & ne peut pas être appellée regulierement Poëſie, lorſque cette perfection lui manque, n'ai-je pas raiſon de dire qu'elle eſt la ſeule de toutes les ſciences qui merite des loüanges parfaites, & qu'il n'y a que ceux qui poſſedent parfaitement toutes les belles ſciences qui puiſſent meriter le nom de Poëtes.

Cela vous étonne sans doute, Madame, & cela étonneroit bien davantage ceux qui croyent que la premiere disposition qu'un homme doit avoir pour être Poëte, c'est d'être fou.

Oüy, Madame, il faut qu'un Poëte renferme en lui seul, ce que les autres ne possedent que par parties; il faut qu'il joigne à un grand fonds de jugement, une extrême vivacité d'esprit, & avec tout cela, il n'est pas encore bon Poëte, si l'étude n'a perfectionné ses talens par les connoissances qu'elles lui a apportées. C'est-à-dire en un mot, qu'il faut qu'un Poëte soit Geographe, Astronome, Medecin, Philosophe, Theologien, Physicien, Historien, enfin qu'il possede tout ce que les sciences ont de plus curieux.

Je dis qu'il lui faut beaucoup d'esprit, & en effet, sans cela, comment réüssira-t-il jamais dans l'invention, qui est le fondement de la Poësie? Et comment pourra-t-il donner des tours vifs & nouveaux à ses pensées, s'il n'a pas cette vivacité qui rend la lecture des Poëtes preferable à celle de tous les autres Ecrivains? Il lui faut aussi un grand fonds de jugement pour ſçavoir diſpoſer ſon ſujet dans un ordre exact, & tel que la critique n'y trouve rien à redire; mais enfin, Madame, il lui faut, & je le dis encore, une connoiſſance, ſinon entiere, du moins fort ample de tout ce que les autres ſciences renferment de plus curieux, puiſqu'il doit traiter d'une maniere ſçavante tous les ſujets qui ſe preſenteront à lui, de quelque reſſort qu'ils ſoient.

Si cela eſt ainſi, me direz-vous, il y a peu de Poëtes, ou plûtôt il n'y en a point du tout. Il eſt vrai, Madame, qu'il y en a peu, & c'eſt encore une des preuves de la perfection de la Poësie ; mais il s'en est pourtant veu qui possedoient toutes ces perfections, & je ne vous en citerai qu'un, qui vous convaincra de ce que j'ai l'honneur de vous dire, c'est le divin Homere. Tous les Ecrivains qui parlent de ce Poëte, conviennent que ç'a été un genie universel, & que ses Ouvrages renferment des trésors de science, où tout le monde peut trouver de quoi se satisfaire. *C'est dans ses Poëmes*, dit un Auteur de nôtre siécle, * *que se sont formez tous les grands*

* *Reflex. sur la Poët. de nôtre temps.*

Perſonnages de l'Antiquité ; les Legiſlateurs y ont pris le premier plan des Loix qu'ils ont données aux hommes ; les Fondateurs des Monarchies & des Republiques ont dreſſé leurs Etats ſur le modelle qu'il s'en étoit formé ; les Philoſophes y ont trouvé les premiers principes de la morale qu'ils ont enſeignée aux Peuples ; les Medecins y ont étudié les maladies & les remedes : Les Aſtronomes y ont appris la ſcience du Ciel, & les Geographes celle de la terre ; les Rois & les Princes y ont trouvé l'art de gouverner, & les Capitaines celui de former un Bataillon, de camper une Armée, d'aſſieger des Villes, de donner des Combats, & de remporter des Victoires. C'est sur ce grand original que Socrate, Platon, Aristote, sont devenus Philosophes; que Sophocle & Eurypide ont pris le grand air du Theatre, & les idées de la Tragedie; que Zeuxis, Appelle, & Polygdotte ont appris ce qu'il y a d'exquis dans la peinture, & qu'Alexandre s'est fait si grand Capitaine. Enfin Homere a été, pour ainsi dire, le premier fondateur de tous les arts & de toutes les sciences, & le maître des sçavans de tous les siécles.

Il faloit, Madame, que les Anciens fussent bien persuadez du merite de ce grand Homme, puisqu'au rapport

rapport d'Aulugelle [a] & de Ciceron, [b] la plûpart des Villes de la Grece se disputent l'honneur de lui avoir donné la naissance. Alexandre le Grand que je vous ai déja cité dans ma premiere Lettre, faisoit tant de cas de ce Poëte, qu'il ne pouvoit passer un seul jour sans le lire, quoiqu'au milieu des serieuses occupations que lui donnoient ses

a Septem urbes certant de stirpe insignis Homeri.
Smyrna, Rhodus, Colophon, Salamin, Chios, Argos, Athenæ. *Aulugell. Lib.* 3. *Chap.* 1.

b Homerum Colophonii civem esse dicunt suum, Chii suum vendicant, Salaminii repetunt, Smyrnæi verò suum esse confirmant. *Cic. pro Arch. P.*

guerres continuelles, jusques-là qu'un Courtier arrivant un jour pour lui annoncer le gain d'une Bataille, & lui ayant dit: *Sire, réjoüissez-vous, je vous* * *apporte la meilleure nouvelle que vous puissiez jamais entendre. Hé quoi*, lui répondit-il, *Homere seroit-il ressuscité.*

Voilà, Madame, l'idée d'un veritable Poëte remplie, & je pourrois vous en citer encore quelques-uns qui approchent beaucoup de cette perfection, tels qu'un Virgile, un Horace, un Ovide; mais j'aurai occasion de le faire, en vous montrant l'utilité de la Poësie

* *Freinsm. supplem. in Quint. Curt.*

& la raiſon que les gens d'eſprit ont de la cultiver.

Premierement ; il eſt hors de doute, que le premier but de la Poëſie a été d'inſtruire, quoique d'autres aſſurent que ç'a été de plaire ; les Anciens Philoſophes craignant que les Peuples encore barbares ne reçuſſent pas favorablement leurs maximes, * envelopperent leur morale ſous des Fables myſterieuſes qui amuſerent d'abord ces hommes

* Ego verò Philoſophiam antiquam eſſe arbitror, priſcos autem viros in eâ peritos, invidiam offenſionemque veritos, aliarum artium ſpecie diſſimulaviſſe, partem quidem Poëmatis ſpecie, ut Homerus fecit, & Heſiodus, & Simonides, &c. *Plato in Sophiſtis*.

grossiers : mais quand ils virent que leurs soins avoient réüssi, ils commencerent à ne plus craindre, & à se montrer hardîment ; ils expliquerent alors les sens cachez de leurs Enigmes, & ils eurent le plaisir de voir leurs travaux recompensez par la veneration que l'on avoit pour eux. De-là vinrent les differentes sortes de Poësies ; les uns s'adonnerent à la satyre, les autres à la Comedie, ceux-ci au Poëme épique, ceux-là au lyrique, & tous avec le dessein d'instruire en réjoüissant : en quoi la Poësie l'emporte sur les autres sciences, qui pour la plûpart, n'instruisent que d'une maniere seche & dégoûtante.

L'on reconnut bien tôt de quelle utilité étoient les Poëtes parmi les hommes, par les fruits qu'ils firent en peu de temps ; ceux qui suivirent la Philosophie ne dûrent le nombre immense de leurs Ecoliers qu'à la maniere vive & agréable dont ils traitoient ces matieres.

Ceux qui s'appliquerent à l'Histoire, tirerent, pour ainsi dire, de la poussiere les os des grands hommes qui les avoient précedez, pour les ranimer une ſeconde fois, & leur donner une vie que le temps ne pourroit plus détruire, comme il avoit détruit la premiere. C'eſt ainſi qu'Homere a fait revivre Achille & Agamemnon, dont les noms ſeroient enſevelis pour jamais avec leurs corps, s'il n'avoit plu à ce Poëte de les reſſuſciter dans ſes Ecrits : car combien penſez-vous, Madame, qu'il y ait eu de Heros avant ceux-là, dont on ne connoît ſeulement pas les noms, parce qu'il ne s'eſt pas trouvé des Poëtes pour nous laiſſer leur Hiſtoire. C'eſt ce que

Ciceron [a] & Horace [b] ont remarqué il y a plus de dix-huit cens ans. Et en effet, à quoi serviroit-il que tous les grands Capitaines prodiguassent leur sang avec tant de generosité, pour se faire une reputation immortelle, si aprés toutes ces peines & tous ces travaux, il ne se trouvoit pas un Poëte qui eût soin de chanter leurs loüanges, & d'apprendre à la posterité par leur exemple à mépriser une vie dont la durée

a Nisi Ilias extitisset, illa tidem tumulus qui corpus Achillis contexerat nomen etiam obruisset. *Cic. pro Arch. P.*

b Vixêre fortes ante Agamemnona
Multi : sed omnes illachrimabiles
Urgentur, ignotique, longâ
Nocte ; carent quia vate sacro. *Horat.*

doit être si courte, pour en acquerir une qui n'aura de fin que celle du monde entier?

Qui sçauroit les belles actions d'Auguste, s'il n'y avoit pas eu un Virgile & un Horace, dont les Ouvrages ont servi de memoires aux Historiens qui les ont suivis? Combien d'autres Princes ne doivent leur renommée qu'aux Poëtes que le Ciel sembloit avoir fait naître exprés pour recompenser leur valeur? car enfin qu'est-ce qu'un Prince quand il est mort? Et que lui reste-t-il de son ancien lustre? C'est à peu prés comme un grand Vaisseau qui quitte le Port, nous le voyons s'éloigner peu à peu du rivage, & diminüer insensiblement à nos yeux, jusqu'à ce que l'éloignement nous le fasse entierement perdre de vûë. Tel est le sort du plus grand Monarque, & du guerrier le plus fameux; ses belles actions conservent sa memoire pendant quelques années dans le souvenir des hommes, mais enfin le temps qui détruit tout, n'a pas plus d'égards pour lui que pour le moindre des mortels; les siécles se succedent insensiblement, & dérobent à la connoissance des hommes tant de faits éclatans

& de vertus heroïques, pour attacher leurs regards sur quelque autre Heros peut être moins digne de loüange, mais cependant plus loüé, parce que ses actions sont plus presentes. La Poësie a le pouvoir de faire revivre un Heros mille ans aprés sa mort, & de lui attirer des loüanges, d'autant moins suspectes, qu'elles sont plus desinteressées. Mais reprenons le fil de nôtre discours.

Ceux d'entre les Poëtes qui s'étudierent à la satyre ne furent pas moins utiles au commerce de la vie civile. Ils s'attacherent à remarquer les défauts des hommes, & à peindre leur ridicule. Chacun reconnoiſſant ſon portrait dans celui de ſon voiſin, tâcha d'en corriger les traits par une conduite plus reguliere, & la crainte de paſſer pour ce qu'on étoit, fit naître l'envie de devenir ce qu'on n'étoit pas; c'eſt ainſi qu'un Eupolis & un Ariſtophanes, un Horace & un Juvenal firent pâlir le vice juſques ſur le Throne, par la ſainte hardieſſe dont ils s'animoient pour le combattre. L'Avare honteux de ſe voir la riſée d'une Ville, déterroit ſes richeſſes pour racheter ſa reputation ; le faux Philosophe s'humanisoit, & pour détourner de soi les traits de la satyre, affectoit une gayeté, qui toute contrefaite qu'elle étoit, paroissoit plus souffrable que son austerité naturelle ; le méchant Ecrivain quittoit la plume pour travailler à quelque autre métier; le libertin déroboit ses débauches au grand jour pour les cacher dans une nuit, dont le satyrique ne pût percer l'obscurité. Enfin, Madame, les choses prirent une nouvelle face; celui qui peut réüssir à devenir honnête homme, le devint, & celui qui n'en eut pas la force, tâcha au moins de le paroître. Le ſuccés de ce genre de Poëſie alla même ſi loin, que le Poëte Eupolis s'étant noyé en combattant pour ſa patrie, les Atheniens firent une Loy, qui défendoit aux Poëtes d'aller à la guerre, pour marquer par-là le chagrin que leur cauſoit la perte d'un homme ſi utile à la Republique.

La Comedie n'eut pas un moindre ſuccés : ce genre de Satyre plut même encore davantage que le premier. Les hommes aiment à rire, & la Comedie les faiſoit rire. Mais le Poëte, dont le premier but étoit d'inſtruire, y trouvoit ſon compte ; il leur peignoit leurs défauts ſous des noms empruntez, & leur faiſoit toûjours entendre, quand ils avoient bien ri, qu'ils n'avoient ri que d'eux-mêmes. * Chacun de retour chez ſoy, faiſoit des reflexions ſur ce qu'il venoit d'entendre ; il confrontoit ſes actions avec celles qu'il venoit de voir joüer, & la honte de s'être trouvé ridicule en portrait, l'excitoit à ceſſer de l'être en original.

Un autre genre de Satyre dont le ſuccés ne fut pas moins

* Quid rides ? mutato nomine de te Fabula narratur. *Horat.*

heureux ni moins utile, ce ſont ces petites Fables dont Eſope nous a laiſſé de ſi beaux modeles, & qui ſont encore aujourd'huy le plaiſir de tous les honnêtes gens. C'eſt une critique fine & éloquente des défauts du genre humain ; & ce qu'il y a d'admirable, c'eſt que ce ſont les arbres, les plantes & les animaux qui donnent des leçons aux hommes dans ces petits ouvrages, & qui leur peignent leur ridicule ſans les offenſer : en quoy la Fable l'emporte ſur la Comedie & ſur la Satyre, qui dévoilent trop la verité, & qui par conſequent piquent plus vivement.

Eſope fut le premier qui ſe ſervit de ce moyen pour corriger les vices de ſon ſiecle. La Cour de Creſus étoit fertile en ridicules, & il vouloit la reformer ; l'affaire étoit délicate, le reſſentiment des ſots a été de tout temps plus à craindre que celuy des gens d'eſprit ; il falloit trouver un milieu, & c'eſt à cette heureuſe neceſſité que nous devons les Fables qui nous ſont reſtées de cet Auteur.

Les Critiques s'étonneront ſans doute, Madame, de ce que je place Eſope parmi les Poëtes, veu qu'il n'a jamais écrit en vers ; mais c'eſt

une

une difficulté fort facile à lever, puiſqu'il eſt conſtant que ſes Fables parurent preſque auſſi tôt en vers qu'en proſe, ſi nous en croyons Platon,* & & que *Socrate*, pour me ſervir des termes de Mr de la Fontaine, *trouva à propos de les habiller des livrées de la Poëſie, auſſitôt qu'elles virent le jour*. De ſorte que nous pouvons à bon droit les reputer du reſſort de cet art.

Au reſte, Socrate n'eſt pas le ſeul qui ait fait cet honneur aux Fables; Phedre, affranchi d'Auguſte, les mit en vers ïambes, & les tourna ſi agrea-

* *Plat. in Phedo.*

blement dans sa langue, qu'il peut passer pour un original. C'est icy, Madame, que je ferois volontiers l'éloge de ces petits Ouvrages, si je ne craignois point de m'écarter de mon sujet; mais poursuivons, & passons aux autres genres de Poësie. Celuy qui suit c'est le Lyrique.

Ceux qui s'appliquerent à ce Poëme ne furent pas moins considerez des Anciens, que les autres; & nous voyons même aujourd'huy, que les personnes qui ont le moins d'inclination pour les Poëtes, ne peuvent s'empêcher de faire grace à ceux-cy.

Cette Poësie fut appellée Lyrique, parce qu'elle se chantoit sur la lyre. Son utilité fut bien-tôt reconnuë de tout le monde ; les grands hommes charmez d'entendre chanter leurs combats & leurs victoires, se sentoient excitez à former des entreprises qui pussent répondre à la grandeur de leur courage, & à l'attente que l'on avoit déja conçû d'eux. Car enfin, vous le sçavez, Madame, c'est pour la gloire que l'on a vû dans les siecles passez, & que nous voyons encore dans le nôtre, tant de Heros mépriser le trépas, & affronter sans crainte des perils dont la ſeule idée eſt capable de nous effrayer. Or les Poëtes Lyriques étoient, pour, ainſi dire, les miniſtres & les diſtributeurs de cette gloire; c'étoit eux qui mettoient le prix aux belles actions, & dés qu'ils avoient prononcé ſur la renommée d'un Vainqueur, c'étoit un arreſt ſans appel, qui luy répondoit de l'eſtime & de l'admiration de tous les ſiecles futurs. Ainſi les Vainqueurs des Jeux Olympiques vivront tandis qu'on lira Pindare; ainſi les victoires d'Auguſte ſeront connuës de tous les peuples, tandis que l'on connoîtra Horace.

Ajoûtons à cela, Madame, que de tous les Poëtes il n'y en a pôint qui instruisent plus agreablement que les Lyriques, puisque, outre la cadence harmonieuse de leurs vers, l'on trouve chez eux des pensées & des maximes admirables, & exprimées d'un tour si aisé & si spirituel, que pour peu qu'on ait de goût, on ne peut les lire sans en profiter. Qui ne deviendra pas honnête homme, en lisant Horace avec application? tantôt il reconnoît qu'il y a une Providence *, & en adore les ressorts, tantôt il donne des pré-

* *Lib.* 1. *Ode* 28. *Lib.* 3. *Ode* 1.

ceptes, ou pour ſouffrir patiemment l'adverſité, ou pour ſe gouverner ſans inſolence dans la bonne fortune.[a] Icy il fait voir que pour être veritablement heureux, il faut ſçavoir commander à ſes paſſions;[b] là il montre combien on doit mépriſer la vie, puiſqu'on a ſi peu de temps pour en joüir;[c] dans un endroit il blâme le luxe de ſon ſiecle, & loüe la frugalité[d] des Anciens; dans l'autre il déteſte l'avarice,[e] & en fait voir la turpitude:

a *Lib.* 2. *Ode* 3. & 7.
b *Lib.* 2. *Ode* 2. & 13.
c *Lib.* 2. *Ode* 11. *Lib.* 4. *Ode* 6.
d *Lib.* 2. *Ode* 12. & 15. *Lib.* 3. *Ode* 6.
e *Lib.* 3. *Ode* 11. *Epod. Od.* 2.

par tout enfin il s'emporte contre le vice*, par tout il donne des moyens pour en triompher.

Mais rien ne peut mieux nous convaincre du merite, & de l'utilité de ce Poëme, que les exemples que nous trouvons dans les Histoires saintes. Elles nous apprennent que Moyse, que David, & tous les grands Patriarches des Hebreux, ont été eux-mêmes des Poëtes Lyriques. Voicy comme Joseph en parle dans ses Antiquitez Judaïques : *Quand Moyse, ce fameux Commandant des He-*

* *Lib.* 3. *Ode* 18.

breux, eut fait passer son peuple au travers de la mer rouge, par l'assistance du Ciel, aussi-tôt, tout saisi d'un transport divin, il composa un Poëme Hexametre [a] *pour remercier Dieu de la faveur qu'il venoit de luy faire.*

Ce Poëme fut chanté par le peuple; l'Ecriture [b] nous l'enseigne: ainsi il est indubitable que c'étoit un Poëme Lyrique. Mais voyons ce que le

a Mozes, magnus Hebræorum Imperator, cùm ex Ægypto eos in patriam reduceret, statim atque mare rubrum, divinitùs cedentibus aquis, trangressus est, divino numine afflatus, Hexametrum Carmen, quo Deo gratias ageret, edidit. *Joseph. Lib. 2. Antiq.*

b Tunc cecinit Moyses, & filii Israël Carmen hoc Domino. *Exod. cap.* 15.

même

même Auteur dit du Prophete Royal. Voicy comme il s'explique : *Lorsque David eût mis fin à ses guerres, & se fût procurè une paix tranquille & assurée, il s'appliqua à composer des Cantiques & des Hymnes à la loüange de Dieu, & les vers de ces Hymnes étoient, les uns de trois pieds, & les autres de cinq.* *

Vous voyez, Madame, que les Payens n'ont pas été les seuls à cultiver cette sorte de Poësie; mais quand nous n'au-

* Expeditus itaquè David à præliis & periculis, cùm pace jam altissimâ frueretur, Cantica in Deum, Hymnosque vario metro composuit, alios quidem trimetros, alios quidem quinque metros. *Joseph. Lib. 7. Antiq.*

rions pas ces deux citations de Joseph, le témoignage de saint Jerôme ne conclûroit-il pas assez en sa faveur? Voicy comme il en parle, c'est dans sa Préface sur la Chronique d'Eusebe.

Peut-on, dit-il, *rien entendre qui flatte plus l'oreille, que les Pseaumes de David? ces Cantiques, qui, comme les Odes d'Horace & de Pindare, se servent tantôt du vers ïambe, pour marcher avec plus de précipitation, tantôt de l'Alcaïque, pour élever leur ton, tantôt du Sapphique, pour augmenter leur enthousiasme, & qui prennent quelquefois plaisir à ne marcher que sur un demi-pied.*

Qu'y a-t-il de plus beau que le Deuteronome, & le Cantique d'Isaïe? de plus parfait que le Livre de Job? de plus grave que ceux de Salomon? Tous ces Livres chez les Hebreux sont composez de vers de cinq & de six pieds. *

Voilà comme saint Jerôme s'explique au sujet de la Poësie, & en particulier au sujet du genre Lyrique. Il cite mê-

* Quid Psalterio canorius? Quòd in morem nostri Horatii & Græci Pindari, nunc Iambo currit, nunc Alcaïco personat, nunc Sapphico tumet, nunc semipede ingreditur. Quid Deuteronomii & Esaïæ Cantico pulchrius? quid Salomone gravius? quid perfectius Job? Quæ omnia Hexametris & Pentametris versibus apud suos composita decurrunt. *S. Hieron. Præf. in Chronic. Euseb.*

me Horace & Pindare, & les compare à David. Aurons-nous honte aprés cela d'aimer la lecture de ces Poëtes? & ne seroit-ce pas faire en quelque façon injure à ce grand Docteur de l'Eglise, & se pretendre plus saints & plus éclairez que lui? Mais c'est assez parler du Poëme Lyrique.

L'Epigramme, quoique moins considerable que les autres genres de Poësie, ne laissa pas d'être estimée des Anciens. On s'en servoit également à la loüange & à la satyre; & comme elle se terminoit toûjours par quelque pointe d'esprit, qui laissoit toûjours plus à penſer qu'elle ne diſoit, il ne faut pas s'étonner ſi on en faiſoit beaucoup de cas. Je ne m'arrêterai point, Madame, à vous prouver le merite de ce petit Poëme, vous avez lû Catulle, vous avez lû Martial ; en faut-il davantage pour vous en convaincre ? & ne trouvez-vous pas que l'Empereur Valentinien eut raiſon de choiſir le Poëte Auſonne * pour enſeigner les belles Lettres à ſon fils ?

Je puis appliquer à toutes les autres Poëſies en general, ce que je viens de dire de quelques-unes en particulier; c'eſt

* *Corp. Poëtar. in vit. Auſon.*

à dire, que leur premier but étoit d'instruire. Theocrite & Virgile dans leurs Eglogues, Properce & Tibulle dans leurs Elegies, sement des maximes de morale & des instructions familieres, dont la charmante naïveté fait sur l'esprit un effet bien plus prompt, que les écrits des Seneques & des Aristotes.

Vous voilà, instruite, Madame, du merite de chaque espece de Poësie, & du loüable dessein des anciens Poëtes; mais ce n'est pas assez, l'Apologie que j'en fais ne détruira pas les raisons dont les ennemis de cet art se servent pour le combattre ; il faut y répondre plus précisément. J'ai déja un peu touché cette matiere dans ma premiere Lettre ; mais peut-être ne serez-vous pas fâchée de la voir approfondir dans celle-cy.

L'étrange nation que la nation des sots ! & qu'on est embarrassé lorsqu'il faut leur faire entendre raison ! Quoy donc, vous dira l'un, en vous surprenant dans vôtre Cabinet, quel Livre avez-vous à la main ? C'est Horace, luy dites-vous. Horace ! repart-il ; & qu'est-il cet Horace ? C'est un Poëte. Un Poëte, reprend-il aussi-tôt, quoy, vous lisez les Poëtes! Eh! mon ami, voulez-vous devenir fou? car on dit que tous ces Messieurs le sont. Quoy, tous les Poetes sont foux? Oüy, tous les Poëtes sont foux. Et quels principaux traits de folie avez vous remarqué dans leurs Ouvrages? Oh ce n'est point pour les avoir lûs que j'en parle. Et qui vous l'a donc dit? Tout le monde. Que voulez-vous, Madame, que je réponde à cet argument? Je leve les épaules, & tourne la conversation sur un autre sujet.

Ce n'est pas à cette sorte de gens que je veux répondre aujourd'huy; la seule réponse qu'on doit leur faire, c'eſt de ſe taire. Ceux à qui je pretends parler ſont ces gens qui ont aſſez d'eſprit pour raiſonner ſur une matiere en general, & trop peu pour en connoître le merite & la beauté dans le particulier.

Laiſſez-là l'étude des Poëtes, me dira un Philoſophe, ou un Mathematicien ; ce n'eſt qu'un ramas de Fables, dont l'effet le plus ſûr eſt de gâter l'eſprit. Appliquez-vous à chercher le vray en tout, & ne vous arrêtez point à lire des Ouvrages, où les choſes ne ſont jamais dépeintes telles qu'elles ſont, ou qu'elles ont été. Fort bien, Monſieur le Philoſophe, j'approuve vôtre zele; mais avant que de me rendre entierement à vos raiſons, permettez-moy, s'il vous plaît, d'oppoſer à vôtre ſentiment celuy du Maître des Philoſophes, qui ſans doute étoit auſſi capable que vous de juger de cette matiere: *Le devoir du Poëte n'eſt pas*, dit-il, *de raconter les choſes comme elles ſe ſont paſſées, mais telles qu'elles ont dû ſe paſſer.* *

Il eſt fort aiſé de concevoir qu'Ariſtote n'a établi cette re-

* Poëtæ non eſt propria facta narrare, ſed ut geri quiverint, vel omnino neceſſarium fuerit. *Ariſt. Poët.*

gle que ſur un bon principe. En effet, ne parlons que du Poëme dramatique, qui peut douter qu'un évenement tragique exposé ſur un Théatre de la même maniere dont il s'eſt paſſé, ne dégoûtât plus le ſpectateur, qu'il ne luy feroit de plaiſir ? Il n'eſt pas beſoin d'en rapporter aucun exemple, chaque Tragedie en eſt un exemple particulier, & l'on n'a qu'à lire les Préfaces de Corneille, ou la Pratique du Théatre de Mr l'Abbé d'Aubignac, pour en être convaincus. Faut-il trouver mauvais que le Poëte par le ſecret de ſon art, donne un bon motif à une méchante action ? & rejette sur la fortune le mauvais succés d'une affaire, quoyqu'au vray l'on ne doive l'imputer qu'à un des Acteurs, dont le crime a causé tout le trouble. Il fait, dites vous, un attentat contre l'Histoire, aussi bien que dans les longues conversations qu'il invente entre ses Acteurs, & où il les fait parler comme des modelles de vertu & de sagesse, quoique souvent ils ayent été tachez des plus grands vices.

C'est être, vous me l'avoüerez, un peu trop ami de la verité, que d'aimer mieux voir le vice tel qu'il a été, que la vertu telle qu'elle a dû être. Car enfin, raiſonnons ſerieuſement, qu'arriveroit il, ſi le Poëte expoſoit à nos yeux l'action telle qu'elle s'eſt paſſée, lorſqu'elle a été vicieuſe, ou dans le motif, ou dans l'execution? Il eſt hors de doute, que la peinture du crime pourroit inſenſiblement faire beaucoup de tort, par l'impreſſion que de pareils exemples en pourroient laiſſer dans le cœur; au lieu que de l'air dont on traite ces matieres, on ne fait jamais paroître le vice, que pour relever l'éclat de la vertu, &luy ſervir de trophée. De ſorte que l'on ſort d'un ſpectacle, rempli d'une horreur ſecrette pour le crime puni, & plein d'eſtime pour la vertu recompenſée. L'on peut dire de tous les autres genres de Poëſie, avec proportion, ce que je viens de dire du Poëme dramatique.

Mais, me dira quelque vertueux & dévot perſonnage, combien ne voit-on pas de Poëtes, qui mépriſant ces bons ſentimens, s'appliquent à compoſer des Pieces où l'on voit le vice triompher, & fouler, pour ainſi dire, aux pieds toutes les loix de la probité & de l'honneur? N'a-t-on pas vû un Petrone, un Ovide, dans les ſiecles paſſez ? ne voit-on pas encore dans le nôtre, tel que je nommerois, ſi Dieu me le permettoit, rire en vers des préceptes les plus ſaints de la Religion ? Combien d'Athées, combien de libertins, combien de débauchez, profanent tous les jours la Poëſie par des compoſitions indignes d'un honnête homme ? Que conclure de là ? Qu'il faut abandonner la Poëſie, & brûler tous les Poëtes.

Mais, Monſieur le Beat, combien de Theologiens ont prophané la Theologie par des erreurs, des blaſphêmes, & des hereſies indignes d'un

Chrétien ? tels qu'un Calvin, un Luther, un Arrius, un Nestorius ; faut-il pour cela brûler tous les Livres de Theologie, & envelopper dans cet incendie les écrits d'un saint Jerôme, d'un saint Augustin, & d'un saint Basile ? Car voilà une consequence tout aussi juste que la vôtre. Quoy, parce que l'on a vû des Peintres qui ont fait honte à leur art par les portraits infames qu'ils ont osé representer, il faudra brûler tous les tableaux du monde !

Oh ! me dira-t-il en se radoucissant, je ne blâme pas tous les Poëtes en general, je sçai

ſçai qu'il y en a de bons & de mauvais ; je voudrois ſeulement qu'on ſçût en faire le choix. Hé bien, nous voilà d'accord ; & vous ne voulez rien dont je ne fuſſe ravi auſſi bien que vous, ſi la choſe ſe pouvoit faire.

Il s'eſt pourtant trouvé des genies plus éclairez que le mien, qui n'étoient pas de cet avis, & qui croyoient utile la lecture des Poëtes les moins reguliers, pourvû que l'on ſçût s'y prendre d'une maniere profitable. Il en eſt de ces ſortes de Poëſies, comme des fleurs que l'on voit dans un Parterre; nous n'y cherchons que l'agrément de la vûë & de l'odorat, tandis que les abeilles en tirent le suc, dont elles composent leur miel; ce sont souvent les plus ameres où elles s'arrêtent davantage, & dont elles tirent le plus excellent. C'est ainsi que, des Poëtes les plus obscenes, on peut retirer un profit inconcevable, pourvû qu'on sçache separer l'or, de la crasse qui l'environne. Il est vray que plusieurs en abusent, & n'y recherchent que ce qu'il y a de mauvais; mais la Poësie n'a-t-elle pas cela de commun avec la Theologie, la Philosophie, l'Histoire, la Medecine,

&c? Et qui a jamais dit qu'il falût renoncer à ces ſciences, parce qu'il ſe trouve des gens qui en abuſent? Ce ſeroit imiter cet Empereur Ottoman, qui voyant que ſes Janiſſaires aprés s'être enyvrez, avoient cauſé une grande ſedition, ordonna qu'on arrachât toutes les vignes de ſon Empire.

C'eſt ainſi, Madame que je répons aux objections que peuvent faire, & que font effectivement les ennemis de la Poëſie. Je pourrois y répondre encore plus ſuccinctement, en leur demandant pourquoy tant de Genies ſublimes ont travaillé sur les Poëtes, si l'étude en est pernicieuse? Car sans parler de tous les grands hommes qui en ont fait l'éloge, comme d'un Aristote, d'un Platon, d'un Ciceron, d'un Quintilien, d'un Plutarque, d'un saint Jerôme, d'un saint Gregoire, d'un saint Basile, & d'une infinité d'autres, dont les noms seroient suffisans pour composer un volume; combien de Sçavans de nôtre siecle, gens aussi recommandables par leur pieté que par leur doctrine, ont commenté les Ouvrages des plus fameux Poëtes? travail qu'ils n'auroient sans doute pas entrepris, s'ils l'avoient crû, ou pernicieux, ou inutiles.

Nous avons les Commentaires du Pere de la Ruë sur Virgile; ceux du Pere Jouvancy sur Horace & sur Ovide; le Pere Tarteron a traduit Perse & Juvenal. Voilà des hommes à qui leur profession ne permettoit pas de rien entreprendre qui pût donner la moindre atteinte, ou aux mœurs, ou à la Religion; & s'ils avoient vû dans leur dessein la moindre ombre de faute, nous devons leur rendre assez de justice pour croire qu'ils l'auroient abandonné avant d'avoir mis la main à l'execution.

Le Pere Thomassin est allé même plus loin, il a composé un Traité en trois volumes, exprés pour faire connoître l'utilité qu'un Chrétien peut retirer de la lecture des Poëtes prophanes. Il n'est donc plus permis de douter qu'on peut les lire, & en faire même son étude.

A toutes ces raisons j'en ajoûte encore une plus forte, c'est l'attachement extrême avec lequel nous voyons encore aujourd'huy les esprits les plus solides cultiver cette science dans toutes ses parties, & devenir des modelles & des originaux que l'on se fera gloire d'imiter un jour préferablement aux anciens. Permettez-moy, Madame, de m'étendre sur cet article, & de vous faire voir l'état present de la Poësie parmy les Sçavans de nôtre siecle, de la même maniere à peu prés que que je vous l'ay fait voir parmy les Sçavans de l'Antiquité. C'est de là que je pretends tirer la derniere preuve de l'excellence de cet art, en vous prouvant que la France peut se vanter d'avoir produit des Virgiles, des Horaces, des Ovides, enfin des Poëtes parfaits dans tous les differens genres de Poësie. Je commence par le Poëme épique, celuy qui tient le premier rang.

Il est vray que nous n'avons pas beaucoup de pieces parfaites en ce genre. Le naturel de nôtre Nation est trop vif pour pouvoir soûtenir un ouvrage de si longue haleine, & la plûpart de ceux qui l'ont tenté n'ont eu que la gloire de l'entreprise. Mais il m'importe peu qu'on y ait réussi ou non; mon dessein est de prouver que la Poësie est digne d'occuper le loisir d'un honnête homme: & c'est assez pour moy, que plusieurs personnes

ſonnes d'eſprit ayent conſacré leurs veilles pour acquerir la perfection de ce Poëme, ſans m'embarraſſer ſi le ſuccés a répondu à leur attente ; il eſt toûjours conſtant, qu'ils ont crû cette occupation bien glorieuſe, puiſque la difficulté ne les a point rebutez. Aprés tout, Madame, la ſterilité des bons Poëmes en ce genre n'eſt pas ſi grande, que je ne puiſſe vous en citer un qui cede en peu de choſe à ceux de l'Antiquité ; je pourrois même dire qu'il les ſurpaſſe en quelque façon, ſi le reſpect que je dois à ces grands modelles ne m'impoſoit un judicieux ſilence. C'eſt le Lutrin de

Monſieur Deſpreaux.

En effet, Madame, s'il m'eſt permis de faire la comparaiſon : quelques beautez que l'on admire en Virgile, il eſt aiſé de concevoir, que ſon ſujet étant bien diſpoſé, il devoit naturellement dire de grandes choſes. Les Grecs aſſiegent Troye, la brûlent. Enée chargé de ſon pere & de ſes Dieux, & ſuivi de quelques Troyens, s'embarque pour aller chercher un établiſſement en quelque coin du monde. Les Dieux l'avertiſſent que la contrée où il doit aborder, c'eſt l'Italie; que là il ſera le Fondateur d'un Empire, qui avec le temps ſe rendra le maître du monde entier. Il erre ſur les mers pendant l'eſpace de ſept ans, & enfin étant arrivé dans ce païs ſi deſiré aprés mille traverſes, il eſt obligé de ſoûtenir une guerre ſanglante contre des peuples inconnus, donr il demeure enfin vainqueur. Voilà une belle matiere, & propre à recevoir des Epiſodes bien nobles; auſſi ne peut-on rien voir de plus beau que l'Eneïde dans ſon execution.

Mais quel eſt le ſujet du Lutrin? Une diſpute élevée entre le Treſorier & le Chantre d'une Egliſe. L'un veut placer un Pupiltre dans le

Chœur, l'autre ne le veut pas.

Voila, Madame, le plan de ces deux Poëmes. La difference, comme vous voyez, est bien forte; l'un n'offre à l'esprit rien que de grand & de sublime; l'autre, ce semble, ne fournit que peu de chose; encore n'est-ce que du comique, matiere peu propre au Poëme heroïque. Cependant le Poëte, malgré ces difficultez, trouve le secret de lier si bien la plaisanterie de son sujet avec la gravité de la Poësie Epique, & de l'enrichir d'Episodes si agreables, qu'il en compose enfin un Poëme de douze à treize cens vers.

Je n'entre point dans le détail des beautez de cet Ouvrage ; vous l'avez lû, Madame, vous avez remarqué, comme moy, la pureté de son style, la richesse de son expression, la nouveauté & le brillant de ses pensées ; vous avez admiré ces descriptions agreables, cet enchaînement d'actions, qui se soûtenant toûjours également, conduisent insensiblement le Lecteur à la fin de l'Ouvrage, & luy laissent enfin le regret de l'avoir trouvé si court. Peut-on rien voir de plus beau en Virgile, que cette description que Boileau fait de la mollesse ? La maniere ingenieuse dont il s'y prend pour loüer le Roy, n'a-t-elle pas un certain goût qui n'est point inferieur à celuy de l'Antiquité ? La description qu'il fait de la chicane, n'est pas d'une moindre force. Enfin le Dialogue de la Pieté & de la Justice, par où il finit son Ouvrage, & où il donne à Ariste, d'un tour fin & délicat, les loüanges les plus excessives; tout cela, dis-je, ne merite-t-il pas bien qu'on le compare aux Homeres & aux Virgiles ? puisque par un pur motif de divertissement, il a sçû composer un Poëme qui peut aller de pair avec l'Iliade & l'Eneïde ; ouvrages entrepris pour des motifs ſerieux, & ſoûtenus par la ſolidité de leur matiere, autant que par le genie du Poëte. Tel eſt, Madame, le ſuccés qu'a eu chez nous le Poëme Epique. Paſſons au Satyrique.

C'eſt dans ce genre de Poëſie que nôtre ſiecle peut ſe vanter de ne point ceder aux Anciens ; en effet, jamais Poëte n'en avoit porté la perfection ſi loin que le même Boileau ; c'eſt luy qui corrigeant ſur luy-même, tout ce que l'on taxoit dans le. autres Satyriques, en a fait briller toutes les perfections dans ses écrits, sans en épouser les défauts; de sorte que l'on peut dire qu'il renferme en luy seul tout l'enjoûment d'Horace, sans en avoir la negligence; toute la délicatesse de Perse, sans en avoir l'obscurité; enfin toute l'éloquence de Juvenal, sans en avoir l'enflure. Je ne m'arrête pas plus long-temps sur cet article; tout le monde a lû Boileau, & ceux qui n'ont pas assez d'esprit pour juger de son merite, en ont entendu juger si souvent, & si avantageusement, que son seul nom fait mieux son éloge que tout ce que j'en pourrois dire icy.

La Poësie Dramatique est telle qui suit. Pour peu qu'on ait de goût, il est aisé de juger que nôtre siecle ne cede point en ce genre aux Grecs & aux Romains. Il ne faut que comparer les Tragedies de Corneille, de Racine & de Capistron, & les Comedies de Moliere, & de plusieurs autres Auteurs, aux plus beaux chefs-d'œuvre de ces grands Maîtres, l'on conviendra facilement, pourvû qu'on agisse sans passion, que si nous avions aussi bien été leurs anciens, comme ils sont les nôtres, on ne regarderoit peut-être pas aujourd'huy le paralelle des Anciens & des Modernes comme une queſtion problematique.

Le quatriéme genre de Poëſie, c'eſt le Lyrique. Il ſe diviſe chez nous en deux eſpeces; l'Ode, & la Chanſon. Nous avons vû de nôtre temps des Poëtes porter la beauté & la délicateſſe de ce petit Poëme plus loin qu'on n'eût pû l'eſperer. Malherbe & Racan ont fait des Odes qui paſſent encore aujourd'huy pour comparables aux Odes Greques & Latines. Mais ſans remonter ſi loin, quelle réputation ne s'eſt pas acquis, & ne s'acquiert pas encore tous les jours l'illustre Academicien * dont nous avons depuis peu les Ouvrages ? Ne diroit-on pas en lisant ses Odes Pindariques, que Pindare luy-même revit en en France ? Que de grandeur dans ses desseins! que de hardiesse dans ses imaginations! que de nouveauté dans ses pensées! que de force dans ses expressions! que d'abondance enfin! que de vivacité! C'est un torrent qui renverse tout. Mais lisons ses Odes Anacreontiques, que de graces, que de beautez n'y trouverons-nous pas ? Ce n'est pas luy qui parle, c'est

*Mr de la Mothe Houdart.

l'Amour & la Nature; rien de ſi délicat ! rien de ſi aiſé ! rien de ſi poli ! enfin, Madame, c'eſt un modelle achevé.

Ceux d'entre nos Poëtes qui ſe ſont appliquez à compoſer des Chanſons, n'ont pas eu moins de ſuccés. Il n'y a rien de ſi commun en France que ces petites Poëſies, où l'eſprit & le cœur ont tant de part, & qui font trouver la Muſique agreable à ceux-mêmes qui ont le moins goût pour cet art. Les Opera & les Recüeils d'Airs en ſont des preuves ſuffiſantes.

C'eſt encore de là, Madame, que je tire une preuve

de la beauté de la Poësie & de son utilité. Car enfin, que seroit-ce de la Musique sans les vers? Figurez-vous l'agreable concert qu'un Opera en prose! l'idée seule en est si ridicule, qu'il n'est pas besoin d'en voir l'execution. Tout le monde convient que la Musique est la mere des plaisirs, elle suspend nos chagrins, elle soulage nos peines, elle éloigne de nous l'idée de nos malheurs; tous les siecles & tous les peuples en ont jugé de même, & l'ont cultivée avec soin. David accompagnoit de sa voix le son de sa harpe; l'Ecriture même nous apprend, que lorsqu'il dansa devant l'Arche de l'alliance, il étoit suivi d'un Chœur de Chantres, & que Chonenias étoit Maître de la Musique. [a] Saint Ambroise, [b] un des Peres de la nouvelle Eglise, introduisit le chant dans les Temples, comme un exercice de pieté. Enfin la Musique a été de tous temps, & même aujourd'huy l'on chante par toute la terre; le Turc, l'Indien, l'Arabe & le Sauvage; le Prince, & le

a Et universi Levitæ qui portabant Arcam, & Cantores, & Chonenias Princeps Prophetiæ inter Cantores. *Paralip.* 1. *cap.* 15.

b Sanctus Ambrosius exercitium pietatis appetens, ut caneretur instituit. *Pol. lib.* 12.

Berger; le Maître, & le Valet; il n'eſt point d'homme au monde, qui dans l'excés du plaiſir, ou de la rêverie, ne fredonne quelque Chanſon! or en quelque langue que ce ſoit, il faut que le chant, & les paroles que l'on chante, ayent quelque proportion entre eux, pour que l'on puiſſe chanter juſte; la proportion du chant aux paroles, c'eſt la meſure de l'Air; la proportion des paroles au chant, c'eſt la cadence des mots; il faut donc qu'ils ſoient cadencez, ces mots, pour ſe chanter regulierement: or qu'eſt-ce que cette cadence? Ce ſont les regles de la Poëſie. Ces regles arrangent les mots, & en font des vers, ces vers s'accordent avec la meſure de l'air; & de là naît cette harmonie, qui fait tant de plaiſir à l'oreille & à l'eſprit.

Il eſt donc conſtant que la Poëſie eſt la baze & le fondement de la Muſique, & que ſans les Poëtes, les Muſiciens ne pourroient exercer leur art qu'imparfaitement. Mais c'eſt aſſez parlé du Poëme Lyrique, paſſons à l'Eglogue.

Si l'Auteur des Reflexions ſur la Poëtique de ce temps avoit vû un échantillon des Poëſies de Monſieur de Fontenelle,

tenelle, avant de composer son Ouvrage, il se seroit sans doute bien empêché de dire, que nôtre langue n'a encore rien produit en ce genre de vers, qui puisse se comparer aux Eglogues de Virgile. C'est icy que les partisans de l'Antiquité sont obligez de passer legerement, quelque passion qu'ils ayent pour Virgile & pour Theocrite. Le succés avec lequel cet illustre Auteur a écrit dans ce genre, prouve mieux la superiorité des Modernes sur les Anciens, que tous les argumens physiques dont il se sert à ce sujet dans le Discours qui suit sur ses

Poësies. Je croirois même facilement qu'il n'a traité cette matiere d'un tour si enjoüé, que parce qu'il étoit sûr qu'aprés avoir lû ses Eglogues, son discours trouveroit les esprits assez persuadez, & qu'on ne regarderoit tous ses argumens que comme une surabondance de droit, ou comme ces raisons que les habiles Avocats n'employent qu'aprés avoir suffisamment prouvé la bonté de leur cause.

Il ne m'est pas permis d'entreprendre le panegyrique de ce sçavant homme ; que dirois je, Madame, que vous ne sçachiez, & que vous n'ayez dit mille fois vous-même ? Fontenelle ! à ce nom mon esprit se represente la science & la politesse dans leur plus haut degré ; qualitez pourtant bien rares dans un même sujet : mais je ne m'apperçois pas que je ne dois parler icy que de ses Poësies, & non pas de ses vertus, ou plûtôt que je dois me taire & sur les unes & sur les autres, puisqu'il n'est personne de bon goût, qui n'ait voulu en connoître les beautez par soy même, & qui n'ait lû plus d'une fois des ouvrages si achevez.

Nous avons encore quelques Poëtes qui n'ont pas mal

réussi dans ce genre de vers; Messieurs de Racan & de Segrais sont les principaux, & il se trouve dans leurs Poësies Pastorales des morceaux qui ne feroient sans doute pas honte à Virgile ny à Theocrite.

Le caractere de l'Elegie, c'est d'être tendre, naturelle, aisée. Et c'est ce qui fait admirer encore aujourd'huy les Ouvrages de Tibulle, de Properce, & sur tout ceux d'Ovide; mais peut-on en trouver dans ces grands originaux de plus aisées, de plus tendres & de plus naturelles que celles de Madame la Comtesse de la Suze, & de Madame des Houlieres ? Vous le ſçavez, Madame, la tendreſſe eſt le partage de vôtre ſexe, & quand l'eſprit ſe trouve joint dans un certain degré avec cette tendreſſe naturelle, il eſt aiſé à une femme de dire de jolies choſes, & de les dire d'un air bien touchant. C'eſt en quoy ces deux illuſtres Dames ont bien réuſſi, & en quoy réuſſiront toûjours les femmes qui auront du genie pour la Poëſie.

Nous n'avons point d'Auteur particulier pour l'Epigramme ; Gombault & Maynard en ont fait pluſieurs, où l'on remarque beaucoup d'esprit & de feu : mais tous les recüeils de vers, & les ouvrages des plus fameux Poëtes, nous en fournissent toûjours quelques-unes, qui font connoître que nous surpassons autant les Latins en ce genre, qu'ils surpassoient eux-mêmes les Grecs.

Il ne me reste plus à parler que de la Fable. Depuis que Mr. de la Fontaine a mis celles d'Esope en vers, & y a ajoûté les siennes tout le monde avoüe qu'on ne peut rien voir de plus naturel, Phedre l'admireroit luy-même, tant il badine agreablement. Il en eſt de même de ſes Contes, où il eſt original, & où l'on ne peut rien trouver à reprendre que quelques images un peu trop vives, & qui font que bien des gens n'en aiment pas la lecture.

Voilà, Madame, les principaux Maîtres en matiere de Poëſie. Il y en a beaucoup d'autres que je ne nomme point, qui pour n'avoir pas composé des volumes entiers, ne laiſſent pas de faire quelquefois des pieces admirables; mais cela me meneroit trop loin. Mon deſſein étoit de vous faire voir que nous devons regarder la Poëſie comme un art bien aimable, puiſque dans nôtre ſiécle, ainſi que dans l'Antiquité, on voit les eſprits les plus ſublimes cultiver cette ſcience dans toutes ſes parties. Je crois, Madame, l'avoir ſuffiſamment prouvé par l'exemple d'un Corneille, d'un Boileau, d'un Houdart, d'un la Fontaine ; enfin par l'exemple de tous les grands eſprits que je viens de vous citer.

Aprés tout, Madame, quand ces exemples ne vous toucheroient pas, en faudroit il d'autres que celuy des Dames illuſtres dont je vous ay parlé ? Et quelle Dame ſe fera une

peine

peine d'eſtimer les Poëtes, & de lire leurs Ouvrages ? quand elle aura vû les Poëſies de Madame des Houlieres, de Madame de la Suze, de Mademoiſelle de Scudery, de Mademoiſelle Bernard, de Mademoiſelle des Cartes, & de tant d'autres que vous connoiſſez auſſi bien que moy, & dont toute la France admire la ſcience & la politeſſe.

Mais à quoy bon, Madame, vous parler de la ſorte ? qui connoît mieux que vous le merite de cet art ? & qui ſçait mieux rendre juſtice à ceux qui le cultivent ? Je connois trop vôtre goût là-dessus, pour croire que vous ayez besoin de preuves. Aussi n'est-ce pas pour vous instruire, mais pour vous recréer, que j'ay pris la liberté de vous écrire cette Lettre. Je suis avec un profond respect,

MADAME,

Vôtre tres-humble & tres obéissant Serviteur,
DE SOUVENEL.

A Rennes, ce 14. Fevrier 1711.

A MONSIEUR DE L. P. O****

EPISTRE

EN VERS IRREGULIERS.

DEs beaux Eſprits de nôtre Ville,
Eſprit le plus judicieux,
O**** que ton ſort eſt tranquille !
Non ! jamais il ne fut un mortel plus heureux ;
Content des biens que la Fortune,
A répandu dans ta maiſon,
Tu n'es point deſſéché par la ſoif importune
Qui d'un ambitieux tourmente la raiſon.
On n'entend point à l'Audience
L'Avocat ni le Procureur
Te donner avec éloquence
L'épithete de Demandeur.
Jamais un eſprit de querelle
Ne te fit eſſuïer de fâcheux embarras,
Er tu fuis autant les débats,
Qu'un Amant d'aujourd'huy fuiroit une cruelle ;
L'Amour même, l'Amour, ce Dieu ſi redouté,
Ce Dieu qu'on peint toûjours ſuivi de la Victoire,

Oubliant le ſoin de ſa gloire,
Reſpecte ta felicité.
Une étude aiſée & ſolide
A pour toy des charmes plus doux;
Amoureux d'Horace & d'Ovide,
Tu ne trouves chez eux ni chagrins ni dégoûts.
Tantôt appliqué ſur Homere,
Tu ris de ces froids ignorans,
Qui traitent hardîment d'inutile chimere
Des écrits ſi chers aux Sçavans.
Tantôt liſant un Fontenelle,
Poëte auſſi fameux qu'Orateur éloquent,
Tu demandes juſques à quand
On verra ſubſiſter l'opinion nouvelle,
Qui veut que pour faire des vers
Un homme ait l'eſprit de travers,
Et qui par une erreur bizarre,
Conte pour défaut un talent
Qui paſſe encor pour le plus rare
Dont les Dieux aux Mortels firent jamais preſent.
Enfin mépriſant du vulgaire
Les ignorans & froids diſcours,
Enyvré du charme ordinaire
Qui fait aux gens d'eſprit couler tant d'heureux jours,
Tu prens plus de plaiſir à lire
Un Livre digne d'être lû,
Que les deux *Vallée* à médire
D'un homme qui leur a déplû.
Mais ſans ſonger que la ſcience
Fait ton principal ornement,
Pour tes amis quel agrément
De joüir quelquefois de ta chere preſence!

De te voir le verre à la main
Encor moins sçavant qu'agreable,
Oublier au milieu des plaisirs de la table
Qu'il est du Grec & du Latin.
Tel on vit jadis un Horace,
L'amour des beaux esprits Romains,
Oublier quelquefois au milieu des festins
Et l'Hypocrêne & le Parnasse ;
Puisses-tu, comme luy, vivre long-tems heureux,
Sans peines, sans soins, sans tristesse !
Et pour tout dire enfin, puissent les justes Dieux
Ne t'envoyer jamais ni procez, ni tendresse !

FIN.

PRIVILEGE DU ROY.

LOUIS par la grace de Dieu, Roy de France & de Navarre; A nos amez & feaux Conseillers, les Gens tenans nos Cours de Parlement, Maîtres des Requêtes ordinaires de nôtre Hôtel, Grand Conseil, Prevôt de Paris, Baillifs, Sénéchaux, leurs Lieutenans Civils, & autres nos Justiciers & Officiers qu'il appartiendra, Salut. Nôtre bien amé le Sieur DE SOUVENEL Nous a fait exposer qu'il desireroit faire imprimer un Livre intitulé, *Lettres Critiques & Historiques, touchant l'idée que les Anciens avoient de la Poësie, & celle qu'en ont les Modernes; écrites par un Provincial à une Dame de Paris*, s'il Nous plaisoit luy accorder nos Lettres de Privilege pour la Ville de Paris seulement. Nous luy avons permis & permettons par ces Presentes de faire imprimer ledit Livre en telle forme, marge, caractere, & autant de fois que bon luy semblera, & de le faire vendre par tout nôtre Royaume par tels Imprimeurs qu'il voudra, pendant le temps de quatre années consecutives, à compter du jour de la datte desdites Presentes. Faisons défenses à toutes personnes de quelque qualité & condition qu'elles soient, d'en introduire d'impression étrangere dans aucun lieu de nôtre obéïssance, & à tous Imprimeurs, Libraires & autres, dans ladite Ville de Paris seulement, d'imprimer ou faire imprimer ledit Livre, & d'y en faire venir, vendre & debiter d'autre impression que de celle qui aura été faite pour ledit Exposant, sous peine de confiscation des Exemplaires contrefaits, de mil livres d'amende contre chacun des contrevenans, dont un tiers à Nous, un tiers à l'Hôtel-Dieu de Paris, & l'autre tiers audit Exposant, & de tous dépens, dommages & interêts; à la charge que ces Presentes seront enregistrées tout au long sur le Registre de la Communauté des Imprimeurs & Libraires de Paris, & ce dans trois mois de la datte d'icelles; que l'impression dudit Livre sera faite dans nôtre Royaume, & non ailleurs, en bon papier & en beaux caracteres, conformément aux Reglemens de la Librairie, & qu'avant de l'exposer en vente, il en sera mis deux Exemplaires dans nôtre Bibliotheque publique, un dans celle de nôtre

Château du Louvre, & un dans celle de nôtre tres-cher & féal Chevalier Chancelier de France le Sieur Phelypeaux Comte de Pontchartrain, Commandeur de nos Ordres; le tout à peine de nullité des Presentes, du contenu desquelles vous mandons & enjoignons de faire joüir l'Exposant ou ses ayans cause, pleinement & paisiblement, sans souffrir qu'il leur soit fait aucun trouble ou empêchement. Voulons que la copie desdites Presentes qui sera imprimée au commencement ou à la fin dudit Livre, soit tenuë pour dûëment signifiée, & qu'aux copies collationnées par l'un de nos amez & feaux Conseillers Secretaires, foy soit ajoûtée comme à l'original. Commandons au premier nôtre Huissier ou Sergent sur ce requis de faire pour l'execution d'icelles tous Actes requis & necessaires, sans autre permission, nonobstant Clameur de Haro, Charte Normande & autres Lettres à ce contraires : Car tel est nôtre plaisir. DONNÉ à Versailles le vingtiéme jour de Novembre, l'an de grace mil sept cens douze, & de nôtre Regne le soixante-dixiéme.

Signé, CARPOT.

Il eſt ordonné par Edit de Sa Majeſté de 1686. & Arreſt de ſon Conſeil, que les Livres dont l'impreſſion ſe permet par chacun des Privileges, ne ſeront vendus que par un Libraire ou Imprimeur.

Regiſtré ſur le Regiſtre No. 3. de la Communauté des Libraires & Imprimeurs de Paris, page 533. No. 575. conformément aux Reglemens, & notamment à l'Arreſt du 13. Aouſt 1703. A Paris ce vingt-troiſiéme jour de Novembre 1712.

Signé, L. JOSSE, Syndic.

Et ledit Sieur de Souvenel a cedé ſon Privilege à François le Breton, Libraire à Paris, ſuivant l'accord fait entre eux.

www.ingramcontent.com/pod-product-compliance
Ingram Content Group UK Ltd.
Pitfield, Milton Keynes, MK11 3LW, UK
UKHW020139220726
13923UKWH00001B/253